Inhalt

Die Rezepte

Rindfleisch 18
Schweinefleisch 46
Geflügel 66
Lamm- und Wildfleisch 86
Wurst 106

Warenkunde 10
Tipps zu den Rezepten 17
Abkürzungen 17
Die wichtigsten Garmethoden 120
Rezeptregister 122
Impressum 124

Vorwort

Meine Mutter wuchs als Tochter eines bayerischen Müllers und Bauern auf. Nach dem frühen Tod ihrer Mutter musste sie schon in jungen Jahren für das leibliche Wohl ihrer elf Geschwister sowie der Angestellten der Mühle und des Hofs sorgen. Fleischgerichte gab es meist nur an Sonn- und Feiertagen, sie wurden deshalb hoch geschätzt und mit viel Sorgfalt zubereitet. Meine Großmutter väterlicherseits war schon in jungen Jahren als Köchin in den Diensten der Fürsten von Liechtenstein, die bis zum Beginn des Zweiten Weltkriegs in Wien und Mähren lebten. Kulinarisch verwöhnt von zwei großen Köchinnen – meine Oma wohnte nur einen Katzensprung von uns entfernt –, wuchs ich mit Köstlichkeiten aus dem Gemüsegarten auf, mit sonn- täglichen Braten, Kuchen und Torten.

Nachdem ich die Möglichkeit erhielt, eine Ausbildung zum Koch im Münchner Kempinski-Hotel „Vier Jahreszeiten" zu beginnen, fiel es mir nicht schwer, meine Schullaufbahn zu beenden, um in die Welt zu ziehen und das Kochen professionell zu erlernen. In Hotel- und Restaurantküchen, bei der Arbeit als Foodstylist und später als Foodfotograf konnte ich eine große Bandbreite an Gerichten kennenlernen und ausprobieren. Mit diesem Buch gebe ich nun meine Erfahrungen bei der Zubereitung von Braten und Schmorgerichten an Sie weiter.

Die Voraussetzung für ein gutes Gelingen ist wie bei allen Gerichten eine bestmögliche Qualität der Lebensmittel. Der Kauf von minderwertiger Ware kommt einen letztendlich immer teurer zu stehen und ist speziell bei Fleischprodukten oft mit dem Leiden der Tiere aus Massenhaltung verbunden. Meine Empfehlung ist es daher, lieber den Fleischkonsum zu reduzieren, und stattdessen weniger Fleisch von bester Qualität zu kaufen.

Bei der Auswahl der Gerichte habe ich festgestellt, dass das Buch weitaus mehr Seiten haben müsste, um die Vielfalt meines Repertoires an Braten und Schmorgerichten präsentieren zu können. Ich habe deshalb versucht, hier die besten Rezepte bekannter Gerichte zusammenzustellen.

Behilflich war mir dabei mein guter Freund und Weggefährte schon als junger Koch, der Küchenchef und Gastronom Josef Weh, bei dem ich mich, wie auch bei meiner lieben Frau, die mich mit Rat und Tat und nicht zuletzt mit konstruktiver Kritik unterstützt hat, bedanken möchte.

Gehen Sie mit Leichtigkeit und Fantasie ans Werk, betrachten Sie Würzzutaten als unverbindlichen Vorschlag, der variiert werden darf und kochen Sie möglichst mit frischen Produkten.

Gutes Gelingen und viel Spaß wünscht Ihnen

Karl Newedel

Rindfleisch

Die Qualität des Fleischs hängt ab vom Alter der Tiere, vom Geschlecht, von der Rasse, der Tierhaltung und nicht zuletzt von der Verarbeitung nach dem Schlachten.

Rindfleisch wird folgendermaßen klassifiziert

Kalbfleisch nennt man das Fleisch, das von Tieren im Alter von 3 bis 6 Monaten in den Verkauf kommt. Das Fleisch ist besonders zart und im Geschmack milder als Rindfleisch. Je nach Fütterung ist das Fleisch rosafarben bis rot, aber nicht zu kräftig dunkelrot. Sehr helles Kalbfleisch (weißlich rosa) erzielte man früher, indem man die Tiere im Dunkeln unter Einschränkung der Bewegungsfreiheit hielt, was mittlerweile in Deutschland verboten ist.

Jungrindfleisch stammt von noch nicht ausgewachsenen männlichen oder weiblichen Tieren (14 bis 22 Monate), ist feinfaserig und zart, aber noch nicht marmoriert.

Jungbullenfleisch ist das Fleisch von nicht kastrierten männlichen Tieren im Alter von 14 bis 22 Monaten, es ist hellrot und von kräftiger Struktur.

Bullenfleisch ist das Fleisch männlicher, nicht kastrierter Tiere im Alter ab 23 Monaten. Es ist dunkelrot, grobfaserig und wenig marmoriert. Es wird wie Kuhfleisch meist zu Wurstprodukten verarbeitet (eine Ausnahme ist das Bullenfilet).

Ochsenfleisch nennt man das Fleisch von kastrierten männlichen Tieren, die meist im Alter zwischen 15 Monaten und 3 Jahren geschlachtet werden. Ochsen wachsen wegen der Hormonveränderung langsamer. Das Fleisch ist kräftig dunkelrot, mehr oder weniger mit weißen Fettäderchen durchzogen (marmoriert), zart und saftig.

Färsenfleisch nennt man das Fleisch weiblicher Tiere im Alter zwischen 15 Monaten und 3 Jahren, es ist heller als Ochsenfleisch, feinfaserig zart und saftig.

Fleischqualität

Richtig zart wird nur „gereiftes" Rindfleisch! Dabei wird das Fleisch für mehrere Wochen, unter klimatisch günstigen Bedingungen in aller Regel vakuumverpackt gelagert. Durch eigene Enzyme wird das Fleisch dabei immer mürber.

Bei Rindfleisch eignen sich Rücken, Filet und Teile aus der Hüfte zum Kurzbraten. Dabei wird das Fleisch angebraten oder gegrillt und dann mehr oder weniger rosa gebraten. Andere Teile des Rinds sind ebenso hochwertig, jedoch preisgünstiger. Für diese Stücke braucht man auch meistens eine andere Zubereitungsmethode, beispielsweise Schmoren oder Kochen. Mit ausschlaggebend für die Fleischqualität ist auch die Rinderrasse. Es gibt beispielsweise Rassen, die auf hohe Milchleistung gezüchtet wurden oder reine Fleischrassen sowie Zweinutzungsrassen. Allein in Deutschland sind 41 Rassen registriert. Weltweit gibt es etwa 500 Rinderrassen.

Je stärker das Fleisch mit kleinen Fettäderchen durchzogen (marmoriert) ist, umso saftiger und zarter schmeckt es. Die Japaner haben es mit dem Kobe-Rind diesbezüglich auf die Spitze getrieben. In der Gegend um Kobe wird eine besondere Rinderrasse, Tajima-Rinder, meist nur in kleinen Herden von 3 bis 5 Rindern aufgezogen. Die Tiere werden mit speziellem Futter versorgt, dessen Zusammensetzung von den Züchtern geheim gehalten wird. Bekannt ist nur, dass keine künstlichen Wachstumshormone, Antibiotika und dergleichen verabreicht werden. Tajima-Rinder benötigen etwa dreimal so viel Zeit bis zur Schlachtreife wie herkömmliche Tiere. Ihr Fleisch ist extrem marmoriert und butterzart. In Japan zahlt man für 1 kg echtes Kobe-Rindfleisch 400 bis 600 Euro. In den letzten Jahren werden vermehrt in Amerika, Australien und auch in Europa solche Rinder gezüchtet, die außerhalb Japans als Wagyu-Rinder in den Handel kommen.

Schweinefleisch

Im Gegensatz zu Rindfleisch muss Schweinefleisch nicht abhängen, sondern kommt bereits zwei Tage nach dem Schlachten in den Verkauf. Vom saftigen Schinken bis zum zarten Filet hat Schweinefleisch viel zu bieten. War das Schwein früher noch sehr fett, hat man es durch Züchtung und Mastmethoden von Fett befreit. Heute weiß man, dass Schweinefett keineswegs so ungesund ist wie früher angenommen. Das Verhältnis zwischen einfach und mehrfach ungesättigten Fettsäuren gegenüber den gesättigten Fettsäuren ist besser als beispielsweise bei Kokos- oder Palmfett. Zudem ist Fett ein wichtiger Geschmacksträger und das in den Muskelschichten eingelagerte Fett, das die Marmorierung erzeugt, macht das Fleisch zart und saftig. Äußeres Fett schützt ihren Braten vor dem Austrocknen – und kann vor dem Verzehr entfernt werden.

In den Handel kommt meist das Fleisch von Jungschweinen sowie von Ferkeln. Spanferkel werden Jungtiere genannt, die im Alter von etwa 6 Wochen mit einem Gewicht von 12 bis 20 kg geschlachtet werden. Ihr Fleisch ist besonders zart, hell und von mildem Geschmack. Jungschweine nennt man kastrierte männliche sowie weibliche Tiere, die in der Regel im Alter von 5 1/2 bis 8 Monaten mit einem Gewicht von 70 bis 130 kg geschlachtet werden.

Schweinerassen und Haltung

Unsere Hausschweine stammen vom Wildschwein ab und wurden in England ab dem 18. Jahrhundert mit Schweinen aus China und Südostasien gekreuzt. Dabei entstanden viele Rassen, die zum Teil wieder ausgestorben sind oder in der Fleischproduktion keine Bedeutung mehr haben.

Zwei Drittel des gesamten Pro-Kopf-Konsums an Fleisch entfällt in Deutschland auf Schweinefleisch. Dabei wird vor allem das Fleisch der Rassen Deutsches Landschwein und Deutsches Edelschwein sowie die belgische Züchtung Pietrain verwertet. Eine alte wiederentdeckte Rasse, das Schwäbisch-Hällische Landschwein, wurde züchterisch weiterentwickelt und liefert ausgezeichnetes Fleisch.

Bei der Schweinemast werden die Tiere wegen der großen Nachfrage nach günstigem Schweinefleisch bei der Intensivmast dicht zusammengepfercht – das sind laut Schweineverordnung mindestens 0,65 qm pro Tier! – und mit Kraftfutter schnell zur Schlachtreife gebracht. Stroh und Heu, auch Tageslicht sehen die Schweine in aller Regel nur auf dem Weg zum Schlachthof.

Bei der Extensivmast (Weidemast) versucht man, ähnlich den Richtlinien der biologischen Landwirtschaft, den Bedürfnissen der Tiere gerecht zu werden, und ihnen Auslauf zum Suhlen und Graben zu ermöglichen. Sie bekommen Einstreu mit Heu oder Stroh sowie eine Fütterung ohne künstlich hergestellte Aminosäuren (Wachstumshormone). Die Tiere erreichen ihre Schlachtreife später und danken es mit einem hohen Anteil an intramuskulärem Fett, das die Marmorierung ausmacht. Ihr Fleisch ist schmackhafter.

Qualitativ hochwertiges Schweinefleisch hat eine feste Struktur, ein hohes Safthaltevermögen, das heißt, es tritt bei der Kühlung, Lagerung und Zubereitung kaum Saft aus. Es hat ein kräftig rosafarbenes bis rotes Fleisch. Qualitativ weniger hochwertiges Schweinefleisch sieht blass und wässrig aus und hat eine weiche Konsistenz. Es ist nach der Zubereitung weniger zart und saftig und hat wenig Fleischaroma.

Lamm- und Wildfleisch

Lammfleisch nennt man das Fleisch von Schafen, die im Alter von 4 bis 8 Monaten geschlachtet werden. Qualitativ hochwertiges Lammfleisch ist sehr feinfaserig und zart, die gleichmäßige, dünne Fettabdeckung ist beinahe weiß, das Fleisch je nach Alter und Rasse hell- bis ziegelrot. Bei älteren Tieren ist das Fett dunkler und gelblich. Lammfleisch hat einen starken (bei jungen Tieren angenehmen) Eigengeschmack, der kräftiges Würzen verträgt.

Reh- und Hirschfleisch ist nahezu fettfrei, würzig im Geschmack und zartfaserig. Keule und Rücken kann man rosa braten, andere Teile sollte man langsam schmoren. Die Teile, die geschmort werden, sollte man mit fetten Räucherspeckstreifen spicken, damit sie nicht zu trocken werden.

Wildschweinfleisch, insbesondere von ausgewachsenen Tieren, hat einen starken Eigengeschmack, der durch eine würzige Beize mit Essig, Wein und Gewürzen ein interessantes kulinarisches Erlebnis werden kann. Das Fleisch von Jungtieren (Frischlingen) ist im Geschmack milder.

Hase und Kaninchen sind zwei völlig unterschiedliche Verwandte. Das Kaninchen hat helles mageres Fleisch, das im Geschmack ein wenig an Kalbfleisch erinnert. Es eignet sich bestens zum langsamen Schmoren. Der Hase hat dagegen dunkles Fleisch, das würzig im Geschmack ist. Die Rückenfilets vom Hasen sind zart und lassen sich vortrefflich kurzbraten. Die Keulen sollte man langsam schmoren. Da sie dazu neigen, trocken zu werden, sollten sie mit Speckstreifen gespickt werden.

Geflügel

Rund 11 kg Geflügelfleisch isst jeder Deutsche pro Jahr, das liegt nicht zuletzt daran, dass Geflügelfleisch in industrieller Massenproduktion hergestellt und extrem preiswert angeboten wird, was aber leider auf Kosten der Tiere und die Fleischqualität geht.

Wer Wert auf eine bewusste Ernährung legt, ist mit qualitativ hochwertigem Geflügelfleisch immer gut beraten. Es beinhaltet hochwertiges Eiweiß und Fett in einer guten Zusammensetzung und ist leicht verdaulich. Greifen Sie beim Einkauf nicht automatisch zum preiswertesten Produkt. Nur durch gute Fütterung, genügend Auslauf und artgerechte Haltung, bei der der Einsatz von Antibiotika nicht die Regel ist, erreicht man eine gute Fleischqualität.

Hühnervögel

Hähnchen sind Hühner beiderlei Geschlechts mit einem Gewicht von 0,8 bis 1,2 kg. In der üblichen Intensivmast erreichen sie dieses Schlachtgewicht bereits nach 4 bis 5 Wochen. Bei langsamer wachsenden Rassen, die vor allem in der ökologischen Landwirtschaft eingesetzt werden, nach 7 bis 10 Wochen.

Poularden nennt man junge Masthühner mit einem Gewicht von 1,2 bis 2,5 kg, die noch vor der Geschlechtsreife geschlachtet werden. Unter dem Begriff Maispoularden kommen Poularden in den Handel, die überwiegend mit Mais gefüttert wurden und deren Fleisch dadurch leicht gelblich gefärbt ist.

Das Fleisch von **Freilandhühnern** hat eine feste Struktur und eine verhältnismäßig dicke Fettschicht unter der Haut. Tieren aus der Biohaltung lässt man zudem noch mehr Zeit zum Heranwachsen, sie haben deshalb auch einen besseren Geschmack.

Enten

Entscheidend für die Qualität des Fleischs ist neben der Rasse Geschlecht, Alter und Aufzucht der Tiere. Im Handel wird als Rasse überwiegend die Weiterzüchtung der **Pekingente** angeboten, die Tiere werden meist in einem Alter von maximal 6 Monaten geschlachtet. Weibliche Tiere sind in der Regel kleiner und haben saftigeres und aromatischeres Fleisch. Männliche Vögel sind dafür größer und haben würzigeres Fleisch. **Junge Enten** zwischen 9 Wochen und 5 Monaten schmecken am besten. Das Alter lässt sich durch Druck auf das Brustbein bestimmen, der Knochen muss noch weich und flexibel sein.

Die **Flug-** oder **Barbarie-Ente** hat einen hohen Fleischanteil und wenig Fett. Weibliche Tiere wiegen etwa 2,5 kg, gleichaltrige männliche Tiere bis zu 5 kg.

Je artgerechter die Aufzucht von Enten, desto besser ihre Fleischqualität. Enten, die im Freien gehalten werden, sind von Natur aus Dauerläufer. Ihr Fleisch ist entsprechend muskulös und fettarm, ihr Geschmack kräftig und würzig.

Gänse

Frühmastgänse sind maximal 5 Monate alt und wiegen zwischen 2 bis 3,4 kg. **Junge Gänse** werden nach maximal 9 Monaten bei einem Gewicht von 4 bis 6 kg geschlachtet. **Hafermastgänse** werden in ihrer letzten Lebensphase täglich mit mindestens 500 g Hafer gemästet. Fragen Sie beim Kauf nach Tieren aus Freilandhaltung.

Tipps zu den Rezepten

Die Zubereitungszeit gibt ungefähr an, mit wie viel Zeit für Waschen, Schneiden und Vorbereiten der Lebensmittel gerechnet werden muss.

Die tatsächlichen Garzeiten können je nach vorhandenem Herd- und Backofentyp von den im Rezept angegebenen Zeiten abweichen. Sie können mit dem Gabeltest herausfinden, ob das Fleisch gar ist: Stechen Sie mit der Fleischgabel in den Braten. Rutscht die Gabel leicht wieder heraus, ist der Braten fertig.

Ein Backofenthermometer zeigt an, ob die eingestellte Temperatur mit der Temperatur im Backofen übereinstimmt.

Bei Eiern oder einzelnen Gemüsesorten, zum Beispiel Zwiebeln oder Kartoffeln, sind immer mittelgroße Exemplare gemeint.

Verwenden Sie ausschließlich unbehandelte Früchte, wenn im Rezept die Schale von Zitrusfrüchten benötigt wird. Waschen Sie aber auch die unbehandelten Früchte gründlich mit warmem Wasser ab und trocknen Sie sie anschließend.

Verwenden Sie zum Braten Pflanzenöle, die für höhere Temperaturen geeignet sind, zum Beispiel Sonnenblumen- oder Rapsöl.

Abkürzungen

l	Liter
ml	Milliliter
kg	Kilogramm
g	Gramm
EL	gestrichener Esslöffel
TL	gestrichener Teelöffel
Msp.	Messerspitze

Rindfleisch

Brauner Kalbsfond	20
Rinderbrühe mit Beinscheibe	22
Rindersaftgulasch	24
Rheinischer Sauerbraten	27
Rinderroulade	28
Westfälischer Pfefferpothast	31
Ochsenschwanzragout	32
Kalbsbrust mit Spinatfüllung	34
Ossobuco – Kalbshaxenscheiben	37
Marinierter Kalbsrahmbraten	38
Roastbeef in Salzkruste	40
Böfflamott	42
Tafelspitz mit Wirsing	45

Brauner Kalbsfond

Zutaten

2,5 kg fleischige Kalbsknochen vom Hals (vom Metzger in 5 cm große Stücke hacken lassen)
6 EL Öl
500 g Zwiebeln
250 g Möhren
150 g Knollensellerie
1 EL Zucker
2 EL Tomatenmark
500 ml Rotwein
150 g Lauch
2 Knoblauchzehen
1 TL schwarze Pfefferkörner
1/2 TL Senfkörner
10 Pimentkörner
10 Wacholderbeeren
2 Lorbeerblätter
1/2 Bund Thymian

Zeiten

Zubereitungszeit: 30 Minuten
Garzeit: 3,5 Stunden

Für 2 l Fond

1 Den Backofen auf 180 °C (Umluft) vorheizen. Ein tiefes Backblech mit 3 Esslöffeln Öl einfetten, die Kalbsknochen daraufliegen und im vorgeheizten Ofen auf mittlerer Schiene 30 Minuten braun rösten, dabei einmal wenden.

2 Inzwischen die Zwiebeln schälen und grob hacken. Möhren und Sellerie waschen und grob würfeln. Das restliche Öl in einem sehr großen Topf erhitzen und das vorbereitete Gemüse darin bei mittlerer Hitze braten, bis es Farbe angenommen hat. Zucker und Tomatenmark unterrühren und 2 Minuten mitbraten, dabei ständig rühren (Abbildung 1).

3 Mit etwa 150 ml Rotwein ablöschen und unter häufigem Rühren vollständig einkochen lassen, den Vorgang mit dem restlichen Wein zweimal wiederholen (Abbildung 2). Die gerösteten Knochen aus dem Ofen nehmen, in den Topf geben (Abbildung 3) und mit etwa 4 Liter kaltem Wasser auffüllen. Den Bratensatz auf dem Blech mit etwas Wasser lösen und in den Topf geben. Aufkochen, dann bei schwacher Hitze 2 1/2 Stunden köcheln lassen, dabei öfters Schaum und Fett abschöpfen (Abbildung 4).

5 Den Lauch waschen und grobe Stücke schneiden. Die Knoblauchzehen mit der Schale in Scheiben schneiden. Pfeffer, Senf-, Pimentkörner und Wacholderbeeren im Mörser zerdrücken und zusammen mit Knoblauchscheiben, Lorbeerblättern und Thymianzweigen 30 Minuten vor Ende der Garzeit in den Topf geben (Abbildung 5).

6 Den Fond durch ein feines Haarsieb (oder durch ein Spitzsieb, das mit einem Passiertuch ausgelegt ist) in einen Topf abgießen; die Siebrückstände wegwerfen. Den Fond aufkochen und auf etwa 2 Liter reduzieren (Abbildung 6). In saubere, heiß ausgespülte Twist-off-Gläser füllen, verschließen, abkühlen lassen und im Kühlschrank aufbewahren. Der Kalbsfond hält mehrere Wochen.

Tipps:

Sie können den Kalbsfond auch stärker reduzieren (auf etwa 1 1/2 l), in Eiswürfelbehältern einfrieren und die Würfel anschließend in Gefrierbeutel füllen. Dann haben Sie für längere Zeit portionsgerechte Fondwürfel, um Ihren kulinarischen Alltag zu verfeinern.

Bereiten Sie nebenbei noch ein Gericht zu: Legen Sie in Schritt 1 eine mit Salz und Pfeffer gewürzte Kalbshaxe auf die Knochen und braten Sie diese mit. Geben Sie die Kalbshaxe, nachdem die Knochen in Schritt 3 aus dem Ofen genommen wurden, in einen Bräter und lassen Sie die Haxe im Ofen bei 180 °C (Ober- und Unterhitze) weiterbraten. Dabei hin und wieder mit einer Kelle vom Kalbsfond, der nebenbei auf dem Herd kocht, begießen. Mit dem Kalbsfond ist auch die Kalbshaxe fertig. Mit Nudeln und Salat ein köstliches Essen.

Rinderbrühe mit Beinscheibe

Zutaten

800 g Rinderknochen
mit Fleisch (vom Hals)
2-3 Beinscheiben
vom Rind (etwa 800 g)
2 TL Salz
1 große Zwiebel
je 80 g Möhre, Petersilienwurzel,
Knollensellerie und Lauch
10 Pfefferkörner
4 Wacholderbeeren
1 Knoblauchzehe
1 Lorbeerblatt
2 Gewürznelken
5 Petersilienstängel
1 Liebstöckelstängel

Für 4 Personen

Zeiten

Zubereitungszeit: 30 Minuten
Garzeit: 3 Stunden

1 Wasser in einem großen Topf zum Kochen bringen und die Knochen darin etwa 3 Minuten blanchieren. Durch ein Sieb abgießen, kalt abschrecken und wieder in den Topf geben.

2 5 Liter kaltes Wasser zu den Knochen gießen (Abbildung 1) und aufkochen lassen. Den Schaum, der sich auf der Oberfläche bildet, abschöpfen (Abbildung 2). Die Beinscheiben hineinlegen (Abbildung 3), wieder aufkochen und abschäumen. Das Salz zur Brühe geben und 3 Stunden sanft köcheln lassen.

3 Die Zwiebel quer halbieren und in einer Pfanne mit den Schnittflächen nach unten ohne Fett rösten (Abbildung 4). 1 Stunde vor Ende der Garzeit in die Brühe geben.

4 Möhre, Petersilienwurzel, Sellerie und Lauch grob zerkleinern. Pfefferkörner und Wacholderbeeren zerdrücken, die Knoblauchzehe halbieren und alles zusammen mit Lorbeerblatt und Gewürznelken 30 Minuten vor Ende der Garzeit in die Brühe geben (Abbildung 5).

5 5 Minuten vor Ende der Garzeit Petersilien- und Liebstöckelstängel in die Brühe geben. Dann die Beinscheiben aus der Brühe heben, die Brühe durch ein Sieb abgießen und in einem Topf auffangen; die Siebrückstände wegwerfen. Die Beinscheiben mit der Brühe servieren. Dazu passen Kartoffeln und Blattspinat.

Tipp Reichen Sie zu dem Gericht eine schnelle Meerrettichsauce. Dazu 2 Kellen Brühe mit 2 Teelöffeln Semmelbröseln binden. 2 Esslöffel Crème fraîche und 2 Esslöffel Meerrettich aus dem Glas unterrühren und mit Salz und einer Prise Zucker abschmecken.

Rindersaftgulasch

Zutaten

1,2 kg Rinderwade
800 g Zwiebeln
3 EL Öl
1 EL Zucker
2 EL Tomatenmark
4 EL Rotweinessig
2 Knoblauchzehen
1/2 kleine frische Chili
1 TL Kümmelsamen
1 TL getrockneter Majoran
1 Stück Zitronenzeste und Zitronensaft zum Abschmecken
2 EL Paprikapulver edelsüß
1 Lorbeerblatt
Salz

Zeiten

Zubereitungszeit: 30 Minuten
Garzeit: 2,5 Stunden

Für 4 Personen

1 Das Rindfleisch in 3 bis 4 cm große Würfel schneiden. Die Zwiebeln schälen, quer halbieren und in Streifen schneiden.

2 Den Backofen auf 180 °C vorheizen. Das Öl in einem Schmortopf erhitzen, das Fleisch darin rundum anbraten und wieder herausnehmen. Die Zwiebeln in den Topf geben und goldbraun braten. Zucker, Salz und Tomatenmark unterrühren und bei mittlerer Hitze kurz mitdünsten.

3 Die Rindfleischwürfel wieder in den Schmortopf geben. Mit dem Essig ablöschen, dann 600 ml Wasser zugießen und aufkochen lassen. Den Topf abdecken, in den vorgeheizten Ofen stellen und etwa 2 ½ Stunden garen. Dabei alle 15 Minuten umrühren.

4 Für das Gulaschgewürz den Knoblauch schälen und die Chili entkernen. Knoblauch und Chili zusammen mit Kümmel und Majoran fein hacken. Von der Zitrone einen dünnen Streifen Schale abziehen. Das Paprikapulver mit etwas Wasser glatt rühren und mit Knoblauch-Chili-Mischung, Lorbeerblatt und Zitronenschale 10 Minuten vor Ende der Garzeit unter das Gulasch rühren. Mit Salz und etwas Zitronensaft abschmecken.

Tipp Kochen Sie gleich mehr Gulasch, es schmeckt aufgewärmt sogar noch besser. Sie können es kochend heiß in sauber ausgekochte Twist-off-Gläser füllen, sofort verschließen, auf den Kopf stellen und nach dem Abkühlen im Kühlschrank aufbewahren. So können Sie das Gulasch einige Wochen später auch noch genießen.

Rheinischer Sauerbraten

Zutaten

1,5 kg Rinderschulterfilet (falsches Filet) oder Mittelbugstück
2 Möhren
1/4 Knollensellerie
2 Zwiebeln
15 Pimentkörner
1 TL Pfefferkörner
1 TL Senfkörner
10 Wacholderbeeren
3 Gewürznelken
2 Lorbeerblätter
250 ml Balsamico-Essig
500 ml kräftiger Rotwein
3 EL Sonnenblumenöl
2 EL Puderzucker
2 EL Tomatenmark
50 g Lauch
5 Petersilienstängel
60 g Lebkuchen
Zucker zum Abschmecken
50 g Rosinen
Salz und Pfeffer

Zeiten

Zubereitungszeit: 30 Minuten
Garzeit: 2 Stunden
Marinierzeit 3-4 Tage

Für 4 bis 6 Personen

1 Für die Marinade Möhren, Sellerie und Zwiebeln schälen und grob würfeln. In einem Topf Piment-, Pfeffer- und Senfkörner, Wacholderbeeren, Nelken und Lorbeerblätter mit Essig, Rotwein, 500 ml Wasser und den Gemüsewürfeln aufkochen. Etwa 15 Minuten köcheln, dann erkalten lassen. Das Fleisch in die Marinade legen und abgedeckt mindestens 3 bis 4 Tage im Kühlschrank marinieren. Das Fleisch mehrmals wenden.

2 Am Tag der Zubereitung das Fleisch aus der Marinade nehmen und diese durch ein Sieb abgießen und auffangen. Das Fleisch mit Küchenpapier trocken tupfen und mit Salz würzen. Das Öl in einem Schmortopf erhitzen und das Fleisch darin von allen Seiten scharf anbraten. Herausnehmen und beiseitestellen.

3 Die gut abgetropfte Gemüsemischung zu dem Bratensatz geben und anbraten. Sobald die Mischung anbräunt, Puderzucker und Tomatenmark zugeben und so lange weiter braten, bis der Zucker karamellisiert. Mit einer kleinen Kelle Marinade ablöschen, bis auf ein Minimum reduzieren, nochmals ablöschen und den Vorgang ein drittes Mal wiederholen. Dann mit der restlichen Marinade auffüllen. Braten, Lauch, Petersilie und ein 1 Teelöffel Salz zugeben und abgedeckt etwa 1 1/2 Stunden bei mittlerer Hitze schmoren.

4 Sobald das Fleisch gar ist, herausnehmen und warm stellen. Den Schmorsud durch ein Sieb seihen, auffangen, wieder in den Topf geben und aufkochen. Je nach gewünschter Konsistenz mit Wasser strecken. Den Lebkuchen fein zerbröseln und in die Sauce rühren. Mit Salz, Pfeffer und Zucker abschmecken und die Rosinen unterrühren.

5 Den Braten in nicht zu dicke Scheiben schneiden. Dazu passen Knödel und Rotkohl.

Tipp Die Garzeiten sind bei Rindfleisch nicht immer gleich, aber wenn Sie mit einer Fleischgabel in den Braten stechen, und die Gabel rutscht leicht wieder heraus, ist der Braten fertig.

Rinderroulade

Zutaten

4 Zwiebeln
80 g Essiggurken
plus 4 EL Essigsud
aus dem Glas zum Ablöschen
4 EL Öl
4 Rinderrouladen (je etwa 160 g)
aus der Oberschale
4 TL mittelscharfer Senf
plus Senf zum Abschmecken
100 g geräucherter Speck
in Scheiben
1 EL Tomatenmark
500 ml Rinderbrühe
60 g Knollensellerie
2 Möhren
3–4 Thymianzweige
Salz und frisch
gemahlener Pfeffer

Zeiten

Zubereitungszeit: 30 Minuten
Garzeit: 2 Stunden

Für 4 Personen

1 Die Zwiebeln schälen, halbieren und in feine Streifen schneiden. Die Essiggurken je nach Größe längs halbieren oder vierteln.

2 2 Esslöffel Öl in einer Pfanne erhitzen, die Zwiebeln darin bei mittlerer Hitze anbraten, bis sie beginnen, braun zu werden, dann vom Herd nehmen. Die Rouladen dünn mit dem Senf bestreichen und mit Pfeffer würzen. Mit der Hälfte der Zwiebeln, Speck und Essiggurken gleichmäßig belegen. Die Rouladen von der schmalen Seite her aufrollen, dabei die Längsseite nach innen einschlagen, damit die Füllung beim Schmoren nicht austreten kann. Mit Küchengarn umwickeln oder mit Rouladennadeln die Enden feststecken.

3 Das restliche Öl in einem Schmortopf erhitzen. Die Rouladen darin rundum kräftig anbraten, bis sich eine dunkelbraune Kruste gebildet hat. Die Rouladen aus dem Topf nehmen, restliche Zwiebeln und Tomatenmark im Bratfett kurz anbraten, dabei mit einem Holzlöffel den Bratensatz unter Rühren lösen. Mit der Essigmischung ablöschen und reduzieren. Die Brühe zugießen und aufkochen lassen. Die Rouladen zugeben und abgedeckt bei geringer Hitze etwa 1 ½ Stunden sanft köcheln lassen.

4 Sellerie und Möhren schälen und in etwa 1 cm große Würfel schneiden. 10 Minuten vor Ende der Garzeit mit dem Thymian zum Fleisch geben.

5 Die Rouladen auf Tellern anrichten. Die Sauce mit Salz, Pfeffer und etwas Senf abschmecken. Dazu passen Kartoffelpüree und Gemüse oder Salat.

Tipp Wenn Sie die Sauce sämiger machen wollen, können Sie noch eine geschälte geraspelte Kartoffel zusammen mit Sellerie- und Möhrenwürfeln unterrühren. Lassen Sie sich das Fleisch von Ihrem Metzger dünn und vor allem gegen die Faser schneiden, denn auch wenn man das Fleisch plattiert, werden die zarten Fleischfasern zerstört, und beim Schmoren tritt dann zu viel Fleischsaft aus.

Westfälischer Pfefferpothast

Zutaten

800 g Rindfleisch aus der Schulter
600 g Zwiebeln
2 EL Schweineschmalz
400 ml Rinderbrühe
250 ml dunkles Bier
1 Bund Suppengrün
1 Knoblauchzehe
2-3 Zitronenscheiben
1 TL frisch geschrotete Pfefferkörner
5 Wacholderbeeren
2 Lorbeerblätter
2-3 Essiggurken
1 Bund Petersilie
2-3 EL Semmelbrösel
1 EL Kapern
Salz und frisch geschroteter Pfeffer

Zeiten

Zubereitungszeit: 40 Minuten
Garzeit: 2 Stunden

Für 4 Personen

1 Das Fleisch in etwa 3 cm große Würfel schneiden. Die Zwiebeln schälen und in dünne Ringe schneiden. Den Backofen auf 200 °C vorheizen.

2 Das Schmalz in einem Schmortopf erhitzen und die Zwiebeln darin anbraten, bis sie bräunen. Die Fleischwürfel zugeben und den Topf ohne abzudecken in den vorgeheizten Ofen geben. 20 Minuten unter mehrmaligem Umrühren garen. Dann mit Brühe und Bier aufgießen und das Suppengrün zugeben. Die Hitze auf 175 °C reduzieren, den Topf abdecken und das Fleisch 1 1/2 Stunden schmoren. Je nach gewünschter Konsistenz etwas Wasser nachgießen.

3 Die Knoblauchzehe schälen und zerdrücken. Zusammen mit Zitronenscheiben, geschrotetem Pfeffer, Wacholderbeeren und Lorbeerblättern 10 Minuten vor Ende der Garzeit zugeben und unterrühren.

4 Die Gurken in mundgerechte Stücke schneiden und die Petersilie hacken.

5 Den Schmortopf aus dem Ofen nehmen, die Brösel unterrühren und mit Salz und Pfeffer abschmecken. Gurken, Petersilie und Kapern unterrühren und servieren. Dazu Salzkartoffeln und Essiggurken reichen.

Tipp Sie können den Pothast-Sauce auch mit geriebenem Pumpernickel binden.

Ochsenschwanzragout

Zutaten

3 Zwiebeln
100 g Knollensellerie
4 EL Öl
2 kg Ochsenschwanz in Scheiben
2 EL Tomatenmark
250 ml trockener Rotwein
250 ml Portwein
1 EL Mehl
1,2 l Rinderbrühe
1 TL schwarze Pfefferkörner
1/2 TL Senfkörner
8 Pimentkörner
8 Wacholderbeeren
500 g junge Möhren
20 g Butter
1 TL Zucker
1 Bund Estragon oder Petersilie
Salz und Pfeffer

Zeiten

Zubereitungszeit: 30 Minuten
Garzeit: 2,5–3 Stunden

Für 4 Personen

1 Die Zwiebeln schälen und fein würfeln, den Sellerie schälen und grob würfeln.

2 Das Öl in einem großen Schmortopf erhitzen und die Ochsenschwanzscheiben darin von allen Seiten bei mittlerer Hitze anbraten. Aus dem Topf heben. Die Zwiebelwürfel im Bratfett anbraten, bis sie Farbe angenommen haben. Selleriewürfel und Tomatenmark zugeben und kurz anrösten. Mit dem Rotwein ablöschen und die Flüssigkeit zu einer Paste reduzieren lassen. Das Gleiche mit dem Portwein wiederholen. Das Mehl unterrühren, mit der Brühe aufgießen und zum Kochen bringen.

3 Die Ochsenschwanzscheiben zugeben und bei kleiner Hitze abgedeckt 2 1/2 bis 3 Stunden schmoren. Nach 2 Stunden Garzeit Pfeffer-, Senf- und Pimentkörner sowie Wacholderbeeren zugeben.

4 15 Minuten vor Ende der Garzeit die Möhren schälen. Die Butter in einem großen Topf zerlassen und die Möhren darin im Ganzen bei mittlerer Hitze andünsten. Salzen und mit dem Zucker bestreuen, dann 3 bis 4 Esslöffel Wasser zugießen und je nach Dicke der Möhren abgedeckt 3 bis 6 Minuten bissfest garen. Die Petersilien- oder Estragonblätter von den Stielen zupfen und grob hacken.

5 Das Fleisch aus dem Garsud nehmen. Den Sud durch ein feines Sieb passieren und auffangen, das Gemüse dabei gut ausdrücken und wegwerfen. Die passierte Sauce wieder in den Topf geben, mit Salz und Pfeffer abschmecken und das Fleisch erneut darin heiß werden lassen. Mit Petersilie oder Estragon bestreuen und mit den Möhren servieren. Dazu passt Kartoffelpüree, Nudeln oder Weißbrot.

Tipp Lassen Sie sich nicht von der langen Garzeit abschrecken, das Gericht macht nicht allzu viel Arbeit und lässt sich gut vorbereiten. Wie so viele Schmorgerichte schmeckt es aufgewärmt sogar noch besser. Die Kräuter sollten aber erst kurz vor dem Servieren gehackt und zugegeben und die Möhren ebenfalls für den sofortigen Verzehr frisch zubereitet werden.

Kalbsbrust mit Spinatfüllung

Zutaten

1,5 kg Kalbsknochen in 5 cm große Stücke gehackt
4 EL Öl
500 g frischer Spinat
3 Zwiebeln
50 g Butter
300 g Toastbrot
4 Eier
geriebene Muskatnuss zum Abschmecken
2–2,5 kg ausgelöste Kalbsbrust (vom Metzger eine Tasche hineinschneiden lassen)
100 g Knollensellerie
2 Möhren
1 TL Puderzucker
2 TL Tomatenmark
300 ml Rotwein
800 ml Geflügelbrühe
10 schwarze Pfefferkörner
1 Lorbeerblatt
3 Thymianzweige
1 Knoblauchzehe, halbiert
5 Petersilienstängel
1–2 EL Zitronensaft
Salz und Pfeffer

Zeiten

Zubereitungszeit: 50 Minuten
Garzeit: 3–3,5 Stunden

Für 8–10 Personen

1. Ein tiefes Backblech mit dem Öl bestreichen, die Kalbsknochen darauflegen, auf mittlerer Schiene in den Backofen geben und diesen auf 200 °C aufheizen.

2. Für die Füllung den Spinat verlesen und waschen, in eine metallene Schüssel geben und mit etwa 1 1/2 Liter kochendem Wasser überbrühen. 1 Minute ziehen lassen, abgießen, kalt abschrecken und gut ausdrücken. Eine halbe Zwiebel schälen und fein würfeln. Die Butter in einer Pfanne zerlassen und die Zwiebelwürfel darin glasig dünsten. Das Toastbrot in 1 cm große Würfel schneiden. Die Eier in eine Schüssel aufschlagen, Brotwürfel, Zwiebelwürfel und Spinat zugeben, mit Salz, Pfeffer und Muskatnuss würzen und vermengen.

3. Die Kalbsbrust innen und außen mit Salz und Pfeffer einreiben, mit der Brotmasse füllen und die offene Seite mit Rouladennadeln feststecken oder mit Fleischnadel und Küchengarn zunähen.

   Die Kalbsknochen zur Seite schieben und die Kalbsbrust in die Mitte des Backblechs legen. Die Ofentemperatur auf 160 °C reduzieren und die Kalbsbrust im vorgeheizten Ofen 2 1/2 bis 3 Stunden schmoren.

4. In der Zwischenzeit die restlichen Zwiebeln, Sellerie und Möhren schälen und in 2 cm große Stücke schneiden. Den Puderzucker in einem Topf karamellisieren lassen, das Tomatenmark unterrühren und kurz erhitzen. Das Gemüse dazugeben. Mit 100 ml Rotwein ablöschen und einköcheln lassen. Den Vorgang zweimal wiederholen, dann mit der Brühe aufgießen, Pfefferkörner und Lorbeerblatt zugeben und aufkochen lassen. Die Gemüse-Gewürz-Mischung auf das Backblech geben und um die Kalbsbrust herum verteilen.

5. 15 Minuten vor Ende der Garzeit das Blech mit der Kalbsbrust aus dem Ofen nehmen. Die Kalbsbrust auf Alufolie legen und zum Weitergaren wieder in den Ofen geben. Knochen und Schmorsud

in einen Topf füllen, mit etwas Wasser (je nach gewünschter Saucenmenge) auffüllen und aufkochen lassen. Thymian, Knoblauch und Petersilie zugeben und mit Salz, Pfeffer und Zitronensaft abschmecken. Dann die Sauce durch ein feines Sieb in einen Topf passieren; die Siebrückstände wegwerfen.

6 Die Kalbsbrust in Scheiben schneiden und mit der Sauce anrichten. Dazu passt Schmorgemüse oder frischer Salat.

Tipp Mit Beurre manié (1 Esslöffel weiche Butter, in die 1 gehäufter Teelöffel Mehl eingearbeitet wird) können Sie die Sauce noch leicht binden.

Ossobuco – Kalbshaxenscheiben

Zutaten

2 Zwiebeln
4 Kalbshaxenscheiben (je etwa 180 g)
4 EL Olivenöl
1–2 EL Mehl
1 TL Zucker
1 EL Tomatenmark
250 ml Weißwein
300 ml Kalbsfond oder Instant-Fleischbrühe
3 Möhren
2 Staudenselleriestangen
30 g Butter
2 Knoblauchzehen
500 g Fleischtomaten
5 cm Zitronenschale (Zeste)
1 Bund Petersilie
1/2 Bund Basilikum
je 3 Thymian- und Oreganozweige
Salz und frisch gemahlener schwarzer Pfeffer

Zeiten

Für 4 Personen
Zubereitungszeit: 50 Minuten
Garzeit: 3 Stunden

Für 4 Personen

1 Den Backofen auf 160 °C vorheizen. Die Zwiebeln schälen und in feine Würfel schneiden. Von den Kalbshaxenscheiben die äußeren Sehnen, die die Scheiben rundherum umschließen, im Abstand von etwa 5 cm mit einer Küchenschere durchschneiden.

2 In einem flachen Schmortopf das Öl auf mittlerer Stufe erhitzen. Die Kalbslaxenscheiben salzen, im Mehl wenden und überschüssiges Mehl abklopfen. In den Topf geben und von beiden Seiten hellbraun anbraten. Herausnehmen und beiseitestellen. Die Zwiebelwürfel in den Topf geben und goldbraun anbraten, dabei mit einem Holzlöffel den Bratensatz lösen (sollte sich dieser so nicht lösen lassen, 2 Esslöffel Wasser zugießen). Zucker und Tomatenmark zugeben und etwa 2 Minuten anbraten. Dann mit dem Weißwein ablöschen, auf die Hälfte reduzieren lassen und mit dem Kalbsfond oder der Fleischbrühe auffüllen.

Die Haxenscheiben hineinlegen, den Topf abgedeckt in den vorgeheizten Ofen stellen und das Fleisch 2 1/2 bis 3 Stunden schmoren.

3 In der Zwischenzeit die Möhren schälen und in 1 cm große Würfel schneiden. Die Selleriestangen ebenfalls in 1 cm große Würfel schneiden. Die Butter in einer Pfanne erhitzen. Die Gemüsewürfel darin kurz andünsten und nach 2 Stunden Garzeit zu den Kalbshaxenscheiben geben.

4 Den Knoblauch fein würfeln. Die Tomaten mit kochendem Wasser übergießen, dann häuten, halbieren und die Kerne entfernen. Knoblauch, Tomaten und Zitronenschale zum Fleisch geben. Petersilien- und Basilikumblätter von den Stielen zupfen, grob hacken und mit den Oregano- und Thymianzweigen 10 Minuten vor Ende der Garzeit über den Haxenscheiben verteilen.

5 Die Saucenmischung mit Salz und Pfeffer abschmecken und das Gericht servieren.

Tipp Dazu passt Polenta, Safran-Risotto oder einfach nur frisches Baguette sowie ein trockener Weißwein.

Marinierter Kalbsrahmbraten

Zutaten

2 kg ausgelöster Kalbsrücken
1 Knoblauchzehe
5 cm Zitronenschale (Zeste)
2 Lorbeerblätter
1/2 TL Pfefferkörner
2 Salbeizweige
5 Thymianzweige
375 ml Weißwein
4 EL Öl
1 kg Kalbsknochen, vom Metzger in 5 cm große Stücke gehackt
2 Zwiebeln
2 Möhren
100 g Knollensellerie
1 EL Tomatenmark
800 ml Kalbsfond oder Instant-Geflügelbrühe
2 TL Mehl
250 g Crème fraîche
Salz und frisch gemahlener Pfeffer
1 TL Zucker

Zeiten

Zubereitungszeit: 40 Minuten
Garzeit: 3,5 Stunden
Marinierzeit 1,5-2 Tage

Für 6 Personen

1 Den Kalbsrücken mit Küchenpapier trocken tupfen, mit reichlich frisch gemahlenem Pfeffer bestreuen und diesen gut einreiben. Den Knoblauch in feine Scheiben schneiden. Das Fleisch in einen Gefrierbeutel geben, der nicht wesentlich größer ist als das Fleisch, Knoblauch, Zitronenzeste, Lorbeer, Pfefferkörner, Salbei- und Thymianzweige um das Fleisch herum verteilen und den Weißwein zugießen. Den Beutel gut verschließen und das Fleisch im Kühlschrank 1 1/2 bis 2 Tage marinieren Den Beutel dabei hin und wieder wenden.

2 Den Backofen auf 120 °C vorheizen. Das Fleisch aus der Marinade nehmen und die Flüssigkeit auffangen. Das Fleisch trocken tupfen und mit Salz würzen. Das Öl in einem Bräter erhitzen und das Fleisch darin von allen Seiten anbraten (dabei nicht in das Fleisch stechen!). Das Fleisch aus dem Bräter nehmen. Den Backofenrost mit Alufolie belegen, den Braten daraufsetzen und auf mittlerer Schiene in den vorgeheizten Ofen geben und 3 1/2 Stunden garen, bis die Kerntemperatur des Fleisches 70 °C beträgt.

3 Die Knochen in den Bräter geben und im Fett anrösten, bis sie Farbe annehmen. Zwiebeln, Möhren und Sellerie schälen und grob würfeln. In den Bräter geben und mitbraten, bis das Gemüse Farbe annimmt. Zucker und Tomatenmark unterrühren und anrösten (das Tomatenmark dabei keinesfalls schwarz werden lassen, sonst wird die Sauce bitter), dann mit der Hälfte der Marinade ablöschen. Einköcheln lassen und den Vorgang mit der restlichen Marinade wiederholen. Mit Kalbsfond oder Instant-Geflügelbrühe aufgießen und alles 30 bis 45 Minuten abgedeckt köcheln.

4 Das Mehl mit 3 Esslöffeln Wasser glatt rühren und die Saucenmischung damit binden. Durch ein feines Sieb passieren, auffangen und die Sauce wieder in den Bräter gießen. Die Siebrückstände wegwerfen. Den Braten aus dem Ofen nehmen, in die Sauce legen und den Bräter bis zum Ende der Garzeit in den Backofen stellen.

5 Den fertig gegarten Braten aus der Sauce heben und in Scheiben schneiden. Die Crème fraîche in die Sauce rühren, mit Salz und Pfeffer abschmecken und zum Fleisch reichen.

Roastbeef in Salzkruste

Für 4 Personen

Zutaten

1 kg Roastbeef
4 EL Öl
3 Eiweiß
2,2 kg grobes Meersalz
1 Bund Thymian
frisch gemahlener schwarzer Pfeffer
Kräuterbutter

Zeiten

Zubereitungszeit: 20 Minuten
Garzeit: 35 Minuten

1. Das Roastbeef mit frisch gemahlenem Pfeffer bestreuen. Eine Pfanne erhitzen, das Öl hineingießen und das Roastbeef darin von allen Seiten (auch an den Enden) anbraten. Aus der Pfanne heben (dabei nicht in das Fleisch stechen!) und beiseitestellen.

2. Den Backofen auf 220 °C vorheizen. Das Eiweiß in einer großen Schüssel leicht aufschlagen, dann das Meersalz mit einem Kochlöffel untermengen. Knapp die Hälfte der Salzmasse auf ein mit Backpapier belegtes Backblech geben und zu einer Fläche verstreichen, die etwas größer ist als das Fleischstück. Einige Thymianzweige darauf verteilen. Das Fleisch darauflegen, mit dem restlichen Thymian belegen und die restliche Salzmasse rund ums Fleisch verstreichen, sodass ein geschlossener Salzmantel entsteht.

3. Das Roastbeef auf mittlerer Schiene in den vorgeheizten Ofen stellen, nach 10 Minuten die Ofentemperatur auf 150 °C reduzieren, weitere 25 Minuten garen und herausnehmen. Den Salzmantel mit dem Rücken eines schweren Messers aufschlagen und das Fleisch gegen die Faser aufschneiden. Das Roastbeef auf einer Platte anrichten und mit Kräuterbutter servieren. Dazu passt Salat oder Gemüse.

Tipp Sollte der Salzmantel nicht gut haften, können Sie etwas Mehl einarbeiten.

Böfflamott

Zutaten

- 2 Zwiebeln
- 3 Möhren
- 100 g Knollensellerie
- 2 EL Öl
- 100 g Bacon (Frühstücksspeck) in dünnen Scheiben
- 1,5 kg Rinderbraten (Bürgermeisterstück oder flache Rinderschulter)
- 2 TL Zucker
- 1 EL Tomatenmark
- 125 ml Weinessig
- 250 ml Weißwein
- 500 ml Rinderbrühe
- 1 Knoblauchzehe
- 1 Bund Petersilie
- 1/2 TL Pfefferkörner
- 5 Wacholderbeeren
- 1 Lorbeerblatt
- 50 g Brotrinde von einem trocken gewordenen Bauernbrot
- Salz und Pfeffer

Für 6 Personen

Zeiten

Zubereitungszeit: 40 Minuten
Garzeit: 3,5 Stunden

1 Zwiebeln, Möhren und Sellerie schälen und in 1 cm große Würfel schneiden. Den Backofen auf 160 °C vorheizen.

2 Das Öl in einem Schmortopf erhitzen und die Speckscheiben darin bei mittlerer Hitze ausbraten und herausheben. Das Fleisch in den Schmortopf geben, rundherum anbraten und ebenfalls herausheben. Das Gemüse wieder in den Topf geben und im Bratfett anrösten. Mit 2 bis 3 Esslöffel Wasser ablöschen, damit sich der Bratensatz löst. Sobald das Gemüse Farbe bekommen hat, Zucker und Tomatenmark zugeben und kurz mitbraten. Mit dem Essig ablöschen und einköcheln lassen. Die Hälfte des Weins zugießen und ebenfalls einköcheln. Den Vorgang mit dem restlichen Wein wiederholen. Dann die Brühe zugießen und aufkochen lassen. Den Braten hineinlegen und abgedeckt im vorgeheizten Ofen auf der untersten Schiene etwa 3 Stunden schmoren, dabei das Fleisch ab und zu wenden.

3 Den Knoblauch schälen und mit der flachen Messerklinge zerdrücken. Die Petersilie grob hacken, Pfefferkörner und Wacholderbeeren zerstoßen und alles mit dem Lorbeerblatt 10 Minuten vor Ende der Garzeit (wenn Sie mit einer Fleischgabel in das Fleisch stechen, sollte diese leicht wieder herauszuziehen sein) in den Schmortopf unter den Garsud rühren.

4 Aus dem Ofen nehmen. Das Fleisch aus dem Sud heben, mit den Speckscheiben belegen und warm stellen. Die Brotrinde in den Garsud geben, einmal aufkochen lassen und mit Salz und Pfeffer abschmecken. Das Lorbeerblatt entfernen und die Mischung mit einem Stabmixer fein zu einer Sauce pürieren.

5 Das Böfflamott in Scheiben schneiden und mit den Speckscheiben und der Sauce auf Tellern anrichten. Knödel oder Spätzle und Gemüse sind ideale Begleiter für dieses Gericht.

Tipp Sie können diesem Gericht mit Nelken, Muskatblüte, Piment, Ingwer, Koriandersamen, Senfkörnern, Thymian oder Rosmarin eine eigene Geschmacksnote geben.

Tafelspitz mit Wirsing

Zutaten

500 g Rindfleischknochen
1,5 kg Rinderbrust
1 große Zwiebel
1 Lorbeerblatt
2 Gewürznelken
300 g Knollensellerie
1 kleine Lauchstange
3 Möhren
2 Petersilienwurzeln
1 kleiner Wirsing
12 Pfefferkörner
6 Wacholderbeeren
2 EL Butter
3 TL Mehl
100 g Crème fraîche
3 EL frisch geriebener Meerrettich (ersatzweise Fertigprodukt)
1 Prise Zucker
1 Bund Schnittlauch
Salz

Zeiten

Zubereitungszeit: 30 Minuten
Garzeit: 3 Stunden

Für 4 Personen

1 3 Liter Wasser in einem großen Topf aufkochen. Knochen und Fleisch hineingeben, wieder aufkochen, dann durch ein Sieb abgießen und kalt abschrecken. Die Knochen mit 2 Liter kaltem Wasser wieder in den Topf geben und aufkochen, dabei den entstehenden Schaum von der Oberfläche öfter abschöpfen. Die Rinderbrust hineinlegen, wieder aufkochen und abschäumen. Dann leicht salzen und zugedeckt köcheln lassen. Die Zwiebel schälen und quer halbieren. Eine Pfanne ohne Öl heiß werden lassen und die Zwiebelhälften mit den Schnittflächen nach unten darin anrösten. Das Lorbeerblatt auf eine der Zwiebelhälften legen und mit den Nelken feststecken.

2 Während das Fleisch gart, das Gemüse putzen. Dann Sellerie und Lauch in je vier Stücke schneiden. Möhren und Petersilienwurzeln je nach Größe halbieren oder vierteln, den Wirsing vierteln. Pfefferkörner und Wacholderbeeren zusammen mit dem Gemüse nebst Zwiebelhälften nach 2 Stunden Garzeit zum Fleisch geben und weitere 30 bis 35 Minuten garen (eventuell etwas Fett von der Oberfläche abschöpfen).

3 Für die Sauce die Butter in einem Topf zerlassen, das Mehl einrühren und anschwitzen. Den Topf von der Herdplatte nehmen und kurz abkühlen lassen. Dann mit einem Schneebesen 250 ml Sud aus dem Fleischtopf unterrühren und aufkochen lassen. Crème fraîche und Meerrettich zugeben, dann mit Salz und Zucker abschmecken.

4 Den Schnittlauch zu Röllchen schneiden. Das Fleisch in Scheiben schneiden, mit dem Gemüse auf Tellern anrichten und mit dem Schnittlauch bestreut servieren. Die Meerrettichsauce separat dazu reichen. Salzkartoffeln sind eine ideale Beilage zu diesem Gericht.

Tipp Noch einfacher können Sie eine Meerrettichsauce herstellen, indem Sie 2 Kellen Brühe mit Crème fraîche und Meerrettich verrühren, mit 2 bis 3 Esslöffeln Semmelbrösel andicken und mit Salz und Zucker abschmecken.

Schweinefleisch

Falscher Hase	49
Schaschlikspieße	50
Gefüllte Spanferkelschulter	52
Schweinegulasch aus der Haxe	55
Spareribs vom Spanferkel	56
Kohlrouladen	58
Gefüllter Kasseler Nacken	61
Bayerisches Krautbrätl	62
Fränkisches Schäufele	64

Falscher Hase

Zutaten

5 Eier
2 Brötchen vom Vortag
2 kleine Zwiebeln
1-2 rote Paprika
5 EL Sonnenblumenöl
1 Bund Petersilie
4-5 Oreganozweige
1-2 Knoblauchzehen
600 g Schweinehackfleisch
1 EL Paprikapulver edelsüß
2 EL Semmelbrösel
300 ml heiße Fleischbrühe
Salz und frisch gemahlener Pfeffer

Zeiten

Zubereitungszeit: 30 Minuten
Garzeit: 1 Stunde

Für 4 Personen

1. 3 Eier etwa 10 Minuten hart kochen, kalt abschrecken und schälen.
2. Die Brötchen in Wasser einweichen. Die Zwiebeln schälen und fein würfeln. Die Paprika putzen, entkernen und klein würfeln. 2 Esslöffel Öl in einer Pfanne erhitzen und die Paprikawürfel darin 2 Minuten anbraten. Petersilien- und Oreganoblätter von den Stielen zupfen und grob hacken. Den Knoblauch schälen und fein würfeln.
3. Den Backofen auf 200 °C vorheizen. Die Brötchen ausdrücken, mit Hackfleisch, restlichen Eiern und den vorbereiteten Zutaten in eine Schüssel geben und gut vermischen. Das Paprikapulver zugeben und mit Salz und Pfeffer würzen. Dann die Semmelbrösel untermengen.
4. Die Hackfleischmasse zu einem ovalen Laib formen und mit der Handkante längs eine breite Vertiefung eindrücken. Die hartgekochten Eier hintereinander in die Vertiefung legen, das Hackfleisch um die Eier herum nach oben drücken und die Kante verschließen.
5. Eine ofenfeste tiefe Pfanne mit dem restlichen Öl ausstreichen. Den Braten hineinlegen und im vorgeheizten Ofen auf der zweiten Schiene von unten 20 Minuten backen, dann die Brühe zugießen, und weitere 25 Minuten garen. Die letzten 15 Minuten den Braten mit Alufolie abdecken. Den fertig gegarten Falschen Hasen in Scheiben schneiden und servieren.

Tipp Sie können auch noch 150 g Crème fraîche zusammen mit der Brühe unterrühren und nach dem Garen mit dem Stabmixer 20 g kalte Butter in die Sahnesauce einarbeiten.

Schaschlikspieße

Zutaten

1 große Gemüsezwiebel
1 rote Paprika
1 grüne Paprika
100 g geräucherter, durchwachsener
Speck in 1/2 cm dicken Scheiben
1 kg Schweinefleisch
aus Nacken oder Schulter
3 EL Öl
1 TL Zucker
4 EL Sojasauce
plus etwas mehr zum Abschmecken
400 g passierte Tomaten
3 TL Currypulver
plus etwas mehr zum Bestreuen
1 Knoblauchzehe
5 EL Tomatenketchup oder
1-2 TL Tomatenmark

Für 4 Personen

Zeiten

Zubereitungszeit: 40 Minuten
Garzeit: 70 Minuten

1 Die Zwiebel schälen, die Paprika putzen und entkernen, beides grob würfeln. Den Speck quer in 3 cm breite Streifen schneiden. Das Fleisch in etwa 3 cm große Würfel schneiden.

2 Die Zutaten abwechselnd auf Spieße stecken. Das Öl in einer großen Pfanne erhitzen und die Spieße von allen Seiten darin bei mittlerer Hitze braten. Sollten noch Zutaten übrig geblieben sein, diese lose mit in die Pfanne geben.

3 Den Zucker zwischen die Spieße streuen und leicht karamellisieren lassen. Sojasauce und passierte Tomaten unterrühren und die Knoblauchzehe schälen, vierteln und zugeben. So viel Wasser zugießen, dass die Spieße zu zwei Dritteln mit Sauce bedeckt sind. Die Spieße 50 Minuten bei mittlerer Hitze abgedeckt schmoren, dabei hin und wieder wenden und wenn nötig mit etwas Wasser auffüllen.

4 Die fertig gegarten Spieße auf Tellern anrichten. Ketchup oder Tomatenmark in die Sauce rühren, zur gewünschten Konsistenz einkochen lassen und mit Sojasauce abschmecken. Die Sauce über die Spieße gießen und mit Currypulver bestreut servieren.

Gefüllte Spanferkelschulter

Zutaten

Öl zum Bestreichen
1,8 kg Spanferkelschulter
(vom Metzger den Schulterknochen
auslösen und hacken lassen)
1 Paprika
30 g Butter
1,5 Brötchen
1 Bund Petersilie
200 g Kalbsbrät
1 Ei
1 Prise geriebene Muskatnuss
400 ml Bratenfond
(Fertigprodukt)
2 Zwiebeln
1 Möhre
80 g Knollensellerie
1 TL Puderzucker
2 TL Tomatenmark
250 ml Bier
12 Pfefferkörner
5 Wacholderbeeren
1 Lorbeerblatt
Salz und Pfeffer

Zeiten

Zubereitungszeit: 30 Minuten
Garzeit: 2 Stunden

Für 6 Personen

1 Den Backofen auf 200 °C vorheizen. Den Boden eines Bräters mit Öl bestreichen, die gehackten Knochen hineinlegen und in den vorgeheizten Ofen schieben.

2 Für die Füllung die Paprika putzen, entkernen und in kleine Würfel schneiden. Die Butter in einer Pfanne zerlassen und die Paprikawürfel darin 2 bis 3 Minuten braten. Die Brötchen in 1 cm große Würfel schneiden. Die Petersilienblätter von den Stielen zupfen und grob hacken (die Stängel aufbewahren). Das Kalbsbrät mit Ei, Brötchen-, Paprikawürfel und Petersilienblättern in einer Schüssel vermischen und mit Salz, Pfeffer und Muskatnuss würzen.

3 Die Fleischmischung in die Schulteröffnung füllen und die Öffnung mithilfe von Rouladennadeln möglichst gut verschließen. Die gefüllte Schulter salzen auf die Knochen im Bräter legen und den Bratenfond darübergießen. Die Ofentemperatur auf 160 °C reduzieren und 2 Stunden garen, dabei hin und wieder mit dem Bratsud übergießen.

4 Währenddessen Zwiebeln, Möhre und Knollensellerie schälen und grob würfeln und 1 Stunde vor Ende der Garzeit zum Braten geben. Den Puderzucker in einer Pfanne karamellisieren lassen, das Tomatenmark zugeben und kurz anrösten. Mit 125 ml Bier ablöschen und vollständig einkochen lassen. Den Vorgang mit dem restlichen Bier wiederholen. Pfefferkörner, Wacholderbeeren, Lorbeerblatt und Petersilienstängel zugeben, mit 250 ml Wasser auffüllen und die Saucenmischung 30 Minuten vor Ende der Garzeit zum Braten geben.

5 Die fertig gegarte Spanferkelschulter aus dem Bräter heben und warm stellen. Die Sauce zusammen mit den Knochen in einen Topf füllen, mit Wasser zur gewünschten Menge auffüllen, aufkochen lassen und mit Salz und Pfeffer abschmecken. Die Sauce durch ein feines Sieb in einen Topf passieren; die Siebrückstände wegwerfen. Die gefüllte Spanferkelschulter mit der Sauce servieren.

Tipp Binden Sie die Sauce mit in Wasser angerührter Speisestärke. Mit Kümmel oder Majoran, Thymian und Knoblauch können Sie den Geschmack variieren.

Schweinegulasch aus der Haxe

Zutaten

1,5 kg ausgelöste Schweinehaxe ohne Schwarte (beim Metzger vorbestellen)
700 g Zwiebeln
150 g geräucherter Speck in 1/2 cm dicken Scheiben
4 EL Bratöl
1 TL Zucker
2 EL Tomatenmark
2 EL Paprikapulver edelsüß
2 EL Currypulver
1 l Gemüsebrühe
plus eventuell etwas mehr
2 rote Paprika
4 Tomaten
1 Bund Dill
1/2 mehlig kochende Kartoffel
2 EL Zitronensaft
Salz

Zeiten

Zubereitungszeit: 45 Minuten
Garzeit: 2 Stunden

Für 4-6 Personen

1 Das Fleisch in 3 bis 4 cm große Würfel schneiden. Die Zwiebeln schälen und in große Würfel schneiden. Den Speck quer in 3 cm breite Streifen schneiden. Den Backofen auf 190 °C vorheizen.

2 Das Öl in einem großen Topf oder Bräter erhitzen und das Fleisch darin bei großer Hitze etwa 5 Minuten anbraten, bis es rundum gebräunt ist. Zwiebeln und Speck zugeben und 5 Minuten weiterbraten. Dann Zucker, Tomatenmark, Paprika- und Currypulver unterrühren und kurz mitbraten. Mit der Gemüsebrühe ablöschen, aufkochen und ohne abzudecken im vorgeheizten Ofen etwa 1 1/2 Stunden schmoren, dabei alle 15 Minuten umrühren.

3 In der Zwischenzeit die Paprika putzen, entkernen und in etwa 3 cm große Stücke schneiden. 30 Minuten vor Ende der Garzeit unter das Gulasch rühren, bei Bedarf noch etwas Gemüsebrühe zugießen. Die Tomaten mit kochendem Wasser überbrühen, kalt abschrecken, häuten, entkernen und grob würfeln. Die Dillblätter von den Stielen zupfen und grob hacken. Die Kartoffel schälen und fein raspeln.

4 Das Gulasch aus dem Ofen nehmen, die geraspelte Kartoffel unterrühren und kurz aufkochen lassen. Mit Zitronensaft und Salz abschmecken. Dann gehackten Dill und Tomatenwürfel unterrühren und das Gericht servieren.

Tipp Anstelle der Kartoffel können Sie die Gulaschsauce auch mit 1 Teelöffel Speisestärke, die mit 2 Esslöffeln Wasser angerührt wurde, binden. Verfeinern können Sie das Gericht auch mit einigen Löffeln Sauerrahm.

Spareribs vom Spanferkel

Zutaten

1 Bund Suppengrün
2,5 kg Spareribs vom Spanferkel
1 Orange
2 Knoblauchzehen
2 EL Öl
1 TL brauner Zucker
50 g Ketjap Manis oder Ketjap Asin (Asia-Regal im Supermarkt)
150 g Tomatenketchup
50 g Honig
4 Spritzer Tabasco
1 TL Paprikapulver edelsüß

Für 4 Personen

Zeiten

Zubereitungszeit: 30 Minuten
Garzeit: 40 Minuten
Marinierzeit: 2 Stunden

1 Das Suppengrün mit Wasser in einem Topf zum Kochen bringen. Die Spareribs zugeben und bei schwacher Hitze 20 Minuten köcheln lassen.

2 Für die Marinade die Orange auspressen und die Knoblauchzehen zerdrücken. Das Öl in einer Pfanne erhitzen, den Zucker zugeben und bei mittlerer Hitze leicht karamellisieren lassen. Den Knoblauch zugeben und kurz mitbraten, dann mit Ketjap Manis oder Ketjap Asin und Orangensaft ablöschen und etwas einköcheln lassen. Vom Herd nehmen, Ketchup und Honig unterrühren und mit Tabasco und Paprikapulver pikant würzen.

3 Die Spareribs aus dem Topf nehmen und etwas abkühlen lassen. Mit Küchenpapier trocken tupfen und mit der Marinade bestreichen. In eine Schüssel legen und abgedeckt im Kühlschrank mindestens 2 Stunden marinieren.

4 Den Backofengrill vorheizen. Die Marinade von den Spareribs abstreifen. Ein Backblech unter den Backofenrost schieben und die Spareribs auf das Rost legen. Im vorgeheizten Backofengrill auf mittlerer Schiene von beiden Seiten ca. 10 Minuten grillen, dabei mit der verbliebenen Marinade bestreichen. Die fertig gegrillten Spareribs sofort servieren.

Tipp Natürlich können Sie die Spareribs auch auf einen Holzkohlengrill legen. Baguette und frischer Blattsalat mit Joghurtdressing sind gute Begleiter.

Gefüllter Kasseler Nacken

Zutaten

1,5 kg gepökelter Schweinenacken
200 g Softpflaumen
5 EL Pflanzenöl
1 Zwiebel
2 Pastinaken (80 g)
1 Möhre
2 EL Balsamico-Essig
plus etwas mehr zum Abschmecken
250 ml Portwein
250 ml Gemüsebrühe
1 EL Waldhonig
1 EL Dijon-Senf
plus etwas mehr zum Abschmecken
Salz

Zeiten

Zubereitungszeit: 40 Minuten
Garzeit: 140 Minuten

Für 4–6 Personen

1 Mit einem scharfen spitzen Messer in der Mitte des Halsgrats einen schmalen, aber tiefen Schnitt für die Pflaumenfüllung setzen. Die Softpflaumen hineindrücken und mit einem Kochlöffelstiel nachschieben, bis der Schnitt mit Pflaumen ausgefüllt ist.

2 Den Backofen auf 160 °C vorheizen. 3 Esslöffel Öl in einem Bräter erhitzen und das Fleisch darin von allen Seiten anbraten, sodass sich die Poren schließen. Den Bräter mit dem Fleisch in den vorgeheizten Ofen schieben.

3 Zwiebel, Pastinaken und Möhre schälen und grob würfeln. Das restliche Öl in einer Pfanne erhitzen und die Gemüsewürfel darin anbraten. Mit dem Essig ablöschen, Portwein und Brühe zugießen und aufkochen. Die Gemüsemischung zum Fleisch in den Bräter geben. Das Fleisch hin und wieder mit dem Bratsud begießen.

4 Nach 2 Stunden Garzeit den Bräter aus dem Ofen nehmen. Den Backofen auf Grillfunktion umschalten. Den Braten auf ein mit Alufolie ausgelegtes Backblech setzen und wieder in den Backofen geben. Honig und Senf verrühren und den Braten damit dünn bestreichen. Nach 5 Minuten den Vorgang wiederholen und den Braten noch 5 bis 8 Minuten grillen.

5 In der Zwischenzeit den Bratsud im Bräter aufkochen, zur gewünschten Menge mit Wasser auffüllen und mit Salz, Senf und Balsamico-Essig abschmecken. Die Sauce durch ein Sieb in einen Topf passieren; die Siebrückstände wegwerfen.

6 Den Braten in Scheiben schneiden, mit der Sauce umgießen und servieren.

Tipp Für dieses Gericht eignet sich auch hervorragend die Niedrigtemperatur-Garmethode. Hierfür das Fleisch nach dem Anbraten in den nur 80 °C heißen Backofen geben, aber dafür 4 Stunden garen, ansonsten wie angegeben verfahren.

Bayerisches Krautbratl

Zutaten

3 EL Öl
300 g Spareribs
1,5 kg entbeintes Schweinebauchfleisch
600 ml Brühe
2 Zwiebeln
3 Möhren
250 g Knollensellerie
1 kg kleine festkochende Kartoffeln
1 TL Puderzucker
2 TL Tomatenmark
250 ml dunkles Bier
2 Knoblauchzehen
800 g Sauerkraut
12 Pfefferkörner
1/2 TL Senfkörner
5 Wacholderbeeren
2 Lorbeerblätter
1/2 TL Kümmel
1 TL Speisestärke
Salz

Zeiten

Zubereitungszeit: 1 Stunde
Garzeit: 2,5 Stunden

Für 4 Personen

1 Den Backofen auf 160 °C vorheizen. 2 Esslöffel Öl in einem Bräter erhitzen und die Spareribs darin von beiden Seiten anbraten. Das Schweinebauchfleisch salzen, die Spareribs zum Topfrand hin schieben und den Schweinebauch mit der Schwartenseite nach oben im Bräter anbraten. Die Brühe dazugießen und den Schweinebauch wenden, sodass die Schwartenseite unten ist. Die Spareribs auf das Fleisch legen und im vorgeheizten Ofen auf mittlerer Schiene 1 Stunde garen.

2 Währenddessen Zwiebeln, Möhren und Sellerie schälen und grob würfeln. Die Kartoffeln schälen. Das restliche Öl in einer großen Pfanne erhitzen und das Gemüse darin braten, bis es Farbe nimmt. Puderzucker und Tomatenmark zugeben und kurz mitrösten. Mit 125 ml Bier ablöschen und einkochen lassen. Den Vorgang mit dem restlichen Bier wiederholen. Gehackten Knoblauch und Kartoffeln zugeben und beiseitestellen.

3 Nach 1 Stunde den Braten aus dem Ofen nehmen, wenden und die Schwarte mit einem scharfen Messer in Abständen von 1 cm rautenförmig einschneiden. Wurzelgemüse und Kartoffeln um das Fleisch verteilen, den Bräter wieder in den Ofen stellen und weitere 1 bis 1 1/2 Stunden garen.

4 In der Zwischenzeit das Sauerkraut mit einer Prise Salz, Pfefferkörnern, Senfkörnern, Wacholderbeeren, Lorbeerblättern und Kümmel in einen Topf geben und 40 Minuten kochen, die Speisestärke mit 2 Esslöffeln kaltem Wasser verrühren und das Kraut damit binden.

5 Das fertig gegarte Fleisch aus dem Bräter nehmen und in Scheiben schneiden. Das Sauerkraut mit der Gemüsemischung im Bräter vermengen. Die Bratenscheiben mit der Gemüse-Sauerkraut-Mischung auf Tellern anrichten. Mit einem kühlen Bier genießen.

Tipp Sollte der Braten am Ende der Garzeit noch keine knusprige Kruste haben, nehmen Sie ihn aus dem Bräter und legen Sie ihn auf ein Backblech. Schalten Sie dann den Backofengrill ein und übergrillen Sie den Braten noch kurz.

Fränkisches Schäufele

Zutaten

1,2 l heißer Bratenfond (Fertigprodukt)
2 Stück Schweineschulter (flache Schulterstücke, je etwa 1,5 kg)
1-2 Zwiebeln
100 g Knollensellerie
100 g Lauch
2-3 Knoblauchzehen
1/2 TL schwarze Pfefferkörner
2 EL Öl
1 TL Kümmel
2 TL Tomatenmark
300 ml dunkles Bier
6 Petersilienstängel
1 TL getrockneter Majoran
1/2 TL Speisestärke, mit 2 EL Wasser angerührt (nach Belieben)
Salz und Pfeffer

Zeiten

Zubereitungszeit: 30 Minuten
Garzeit: 3,5 Stunden

Für 6 Personen

1 Den Backofen auf 180 °C vorheizen. Den Fond in einen Bräter gießen. Die Fleischstücke mit Salz einreiben und mit der Schwartenseite nach unten in den Bräter legen. Den Bräter auf die unterste Schiene in den vorgeheizten Ofen stellen.

2 Zwiebeln, Möhren und Sellerie schälen und grob würfeln. Den Lauch waschen und in 2 cm große Stücke schneiden. Den Knoblauch schälen und halbieren. Die Pfefferkörner mit der flachen Messerklinge grob zerdrücken.

3 Das Öl in einer Pfanne erhitzen und bis auf den Knoblauch das vorbereitete Gemüse darin anbraten, bis es Farbe genommen hat. Kümmel, zerstoßene Pfefferkörner, Knoblauch und Tomatenmark zugeben und kurz mitbraten (dabei darauf achten, dass das Tomatenmark nicht schwarz und somit bitter wird). Dann mit 150 ml Bier ablöschen und einkochen lassen. Den Vorgang mit dem restlichen Bier wiederholen.

4 Nach 30 Minuten Garzeit das Fleisch aus dem Ofen nehmen und die Schwarte mit einem scharfen Messer rautenförmig einschneiden. Das Gemüse unter den Bratsud rühren und die Fleischstücke mit der Schwartenseite nach oben wieder in den Bräter stellen. Die Hitze auf 150 °C reduzieren und weitere 3 Stunden garen, dabei hin und wieder das Fleisch mit Wasser bepinseln.

5 Den Bräter aus dem Ofen nehmen, die Fleischstücke herausnehmen und warm stellen. Sollten die Bratenstücke noch keine knusprige Kruste haben, den Backofengrill einschalten und das Fleisch mit der Schwarte nach oben einige Minuten knusprig übergrillen. Petersilie und Majoran in den Bratsud rühren, aufkochen und mit Salz und Pfeffer abschmecken. Dann durch ein Sieb in einen Topf passieren; die Siebrückstände wegwerfen. Nach Belieben die Sauce mit der angerührten Speisestärke leicht binden. Die Fränkischen Schäufele mit Kartoffelknödeln oder Kartoffelsalat servieren.

Tipp Beim Badischen Schäufele wird gepökelte Schweineschulter in einem Weinsud mit Suppengemüse, Lorbeer, Pfefferkörnern, Thymian und Nelken etwa 2 Stunden in leicht siedendem Wasser gesotten.

Geflügel

Tropfhuhn auf Gemüse	68
Huhn in Riesling	71
Indisches Curry-Huhn	72
Hähnchen in Rotwein	74
Gefüllte Barbarie-Ente	77
Entenbrust in Orangensauce	78
Festliche Kirchweihgans	80
Gänsekeulen mit dreierlei Bohnen	82
Putengeschnetzeltes in Pfifferlingsrahm	85

Tropfhuhn auf Gemüse

Zutaten

1 küchenfertige Poularde (1,6–1,8 kg)
5 Petersilienstängel
4 Thymianzweige
1 TL Paprikapulver
4 Möhren
3 Zwiebeln
350 g Knollensellerie
800 g Kartoffeln
400 ml heiße Geflügelbrühe
3 EL Öl
Salz und Pfeffer

Zeiten

Zubereitungszeit: 40 Minuten
Garzeit: 1 Stunde

Für 4 Personen

1 Den Backofen auf 200 °C (Ober- und Unterhitze) vorheizen. Die Poularde innen mit Salz und Pfeffer würzen, dann mit Petersilienstängeln und Thymianzweigen füllen. Außen mit Salz und Paprikapulver einreiben.

2 Möhren, Zwiebeln und Sellerie schälen. Die größeren Möhren längs vierteln, den Sellerie in 3 cm große Würfel schneiden und die Zwiebeln vierteln. Die Kartoffeln schälen und halbieren.

3 Ein tiefes Backblech mit dem Öl bestreichen, das Gemüse darauf verteilen und mit einer Prise Salz würzen. Die Poularde mit der Brustseite nach unten auf einen Backofenrost legen. Das Blech mit dem Gemüse auf der zweiten Schiene von unten in den vorgeheizten Ofen schieben, das Rost mit der Poularde auf der mittleren Schiene platzieren.

4 Nach 10 Minuten die Ofentemperatur auf 150 °C reduzieren und die Geflügelbrühe über das Gemüse gießen. Mit einem flachen Löffel etwas von der Brühe über die Poularde gießen, diesen Vorgang hin und wieder wiederholen.

5 Nach weiteren 40 Minuten die Poularde auf den Rücken drehen, die Ofentemperatur auf 180 °C (Umluft) erhöhen, und weitere 15 Minuten garen, die Poularde dabei immer wieder mit dem Sud begießen (gegebenenfalls noch etwas Wasser nachfüllen).

6 Die fertig gebratene Poularde mit einer Geflügelschere tranchieren und mit dem Gemüse servieren.

Tipp Sollten Sie beim Tranchieren feststellen, dass die Keulen innen am Gelenk noch leicht rosa sind, ärgern Sie sich nicht, denn die Poulardenbrust hat dann den optimalen Garpunkt erreicht und ist noch saftig. Servieren Sie zuerst das Brustfleisch und legen Sie die Poularde zum Nachgaren in den noch heißen Backofen. Sie können die Keulen dann auf den Punkt gebraten nachreichen.

Huhn in Riesling

Zutaten

1 Zwiebel
150 g Lauch
2 Staudenselleriestangen
1 küchenfertige Poularde oder Biomasthuhn (etwa 1,6 kg), zerlegt
2 EL Öl
250 ml Riesling
1 EL Mehl
500 ml Geflügelfond
250 Champignons
300 g kernlose grüne Weintrauben
200 g Sahne
1/2 Bund Petersilie
1 Spritzer Zitronensaft
Salz und frisch gemahlener Pfeffer

Zeiten

Zubereitungszeit: 40 Minuten
Garzeit: 1 Stunde

Für 4 Personen

1. Die Zwiebel schälen und fein würfeln. Den Lauch waschen und in Ringe schneiden. Die Selleriestange in 2 cm große Stücke schneiden.
2. Die Poulardenteile mit Salz und Pfeffer würzen. Das Öl in einem großen Schmortopf erhitzen und die Fleischteile darin bei mittlerer Hitze rundum anbraten, bis sie goldbraun sind. Herausnehmen und beiseitestellen. Das vorbereitete Gemüse im Schmortopf anbraten, bis es leicht gebräunt ist. Mit dem Wein ablöschen und fast vollständig einköcheln lassen. Mit dem Mehl bestäuben und kurz anschwitzen. Dann den kalten Geflügelfond zugießen und unter Rühren kurz aufkochen. Die Fleischstücke hineinlegen und bei geringer Hitze 30 Minuten schmoren.
3. Währenddessen die Champignons putzen und in Scheiben schneiden. Die Trauben von den Rispen zupfen. Die Poulardenteile nach der Garzeit aus der Garsudmischung nehmen und beiseitestellen. Die Sudmischung durch ein Sieb passieren und auffangen, das Gemüse dabei gut ausdrücken. Die Siebrückstände wegwerfen. Den Sud wieder in den Schmortopf gießen, Sahne und Champignons sowie die Keulenteile zugeben und bei geringer Hitze weitere 15 Minuten köcheln.
4. Die Petersilie hacken und kurz vor Ende der Garzeit mit den Brustteilen und den Trauben in die Sauce geben und miterhitzen. Mit Zitronensaft, Salz und Pfeffer abschmecken und servieren.

Indisches Curry-Huhn

Zutaten

1 küchenfertige Poularde (etwa 1,6 kg)
2 Zwiebeln
3 Knoblauchzehen
2 cm frische Ingwerwurzel
3 EL Butterschmalz
2 TL gemahlene Kurkuma
2 TL Tomatenmark
400 ml Geflügelbrühe
1 TL Kreuzkümmelsamen
1 TL Senfkörner
1/2 TL Koriandersamen
2 grüne Kardamomkapseln
3 cm Zimtstange
1/2 TL Chiliflocken
5 Korianderstängel
Saft von 1/2 Zitrone
Salz

Zeiten

Zubereitungszeit: 30 Minuten
Garzeit: 3 Stunden

Für 4 Personen

1 Die Poularde in acht Stücke teilen. Die Zwiebeln fein würfeln, Knoblauch und Ingwer schälen und in dünne Scheiben schneiden.

2 Das Butterschmalz in einem Schmortopf erhitzen und die Fleischteile darin bei mittlerer Hitze von allen Seiten anbraten. Die Zwiebelwürfel zugeben und glasig braten. Mit dem Kurkumapulver bestreuen, das Tomatenmark zugeben und kurz anschwitzen. Dann die Geflügelbrühe zugießen und abgedeckt bei geringer Hitze 3 Stunden sanft köcheln.

3 Kreuzkümmel, Senfkörner, Koriandersamen und Kardamomkapseln in einer kleinen Pfanne trocken rösten, bis die Gewürze knistern. Die gerösteten Gewürze zusammen mit Zimtstange, Knoblauch, Ingwer und Chiliflocken 30 Minuten vor Ende der Garzeit zum Curry geben.

4 Den Koriander hacken. Das Curry mit Zitronensaft und Salz abschmecken und mit dem Koriander bestreut servieren. Dazu passt Basmatireis.

Tipp Natürlich könnte man anstelle der vielen Gewürze auch fertiges Madras-Currypulver verwenden, aber das Ergebnis wird nie gleich gut sein.

Hähnchen in Rotwein

Zutaten

250 g Schalotten
1 Zwiebel
2 Knoblauchzehen
100 g geräucherter Speck
1 küchenfertige Poularde
(etwa 1,4 kg)
2 TL Mehl
5 EL Öl
1 TL Zucker
2 EL Tomatenmark
500 ml kräftiger Rotwein
(vorzugsweise Burgunder)
300 ml Geflügelfond
2 Lorbeerblätter
4 Thymianzweige
1 Rosmarinzweig
2 Knoblauchzehen
300 g Champignons
20 g Butter
1 Bund Petersilie
Salz und frisch gemahlener Pfeffer

Zeiten

Zubereitungszeit: 50 Minuten
Garzeit: 1,5 Stunden

Für 4 Personen

1 Schalotten, Zwiebel und Knoblauchzehen schälen. Die Zwiebel fein würfeln. Die Speckscheiben quer in 2 cm breite Streifen schneiden. Die Poularde in acht Stücke zerteilen, mit Salz würzen und mit dem Mehl bestäuben.

2 3 Esslöffel Öl in einem großen Schmortopf erhitzen und die Speckstreifen darin knusprig braten. Herausheben und beiseitestellen. Die Geflügelteile in den Schmortopf geben und von allen Seiten bei mittlerer Hitze goldbraun anbraten. Die Zwiebelwürfel zugeben und glasig braten. Zucker und Tomatenmark einrühren und kurz mitbraten. Mit Wein und Geflügelfond ablöschen, aufkochen lassen und das Gericht bei geringer Hitze 30 Minuten ohne abzudecken garen. Dann weitere 40 Minuten mit aufgelegtem Deckel köcheln.

3 Währenddessen das restliche Öl in einer Pfanne erhitzen, die Schalotten darin etwa 5 Minuten braten, und 20 Minuten vor Ende der Garzeit mit Lorbeerblättern, Thymianzweigen, Rosmarinzweig und halbierten Knoblauchzehen zum Geflügel in den Schmortopf geben.

4 Die Champignons putzen und halbieren. Die Butter in einer Pfanne zerlassen und die Champignons darin bei mittlerer Hitze 2 bis 3 Minuten braten, bis sie gut gebräunt sind.

5 Die Petersilie hacken. Das Coq au Vin mit Salz und Pfeffer abschmecken, dann Speckstreifen und Champignons darübergeben und mit der Petersilie bestreut servieren.

Tipp Das Fleisch kann auch 1 Tag vorher mit Kräutern und Rotwein eingelegt und im Kühlschrank mariniert werden.

Gänsekeulen mit dreierlei Bohnen

Für 4 Personen

Zutaten

2 Gänsekeulen (je etwa 450 g)
3 Zwiebeln
2 EL Öl
500 ml Geflügelbrühe
300 g Buschbohnen
2 Knoblauchzehen
1 Lorbeerblatt
3 Bohnenkrautzweige
1 Bund Petersilie
400 g weiße Bohnen aus der Dose
400 g Kidneybohnen aus der Dose
Salz und Pfeffer

Zeiten

Zubereitungszeit: 15 Minuten
Garzeit: 4 Stunden

1 Die Zwiebeln schälen und fein würfeln. Die Gänsekeulen salzen. Das Öl in einem Schmortopf erhitzen und die Keulen darin bei mittlerer Hitze von beiden Seiten goldbraun anbraten. Die Zwiebelwürfel zugeben und glasig braten. Die Geflügelbrühe zugießen und die Keulen abgedeckt bei geringer Hitze etwa 4 Stunden schmoren.

2 Währenddessen die Buschbohnen putzen und in 3 cm lange Stücke schneiden. Den Knoblauch schälen und in Scheiben schneiden. 35 Minuten vor Ende der Garzeit Buschbohnen, Knoblauch, Lorbeerblatt und Bohnenkrautzweige zu den Keulen geben.

3 Die Petersilie hacken und 5 Minuten vor Ende der Garzeit zusammen mit weißen Bohnen und Kidneybohnen zugeben. Aufkochen und mit Salz und Pfeffer abschmecken. Mit Salzkartoffeln oder knusprigem Baguette servieren.

Tipp Sie können den Schmortopf auch bei 150 °C auf unterster Schiene in den Backofen geben und das Gericht darin garen.

Putengeschnetzeltes in Pfifferlingsrahm

Zutaten

3 Schalotten
400 g Pfifferlinge
500 g Putenbrust
2 TL weiche Butter
1 EL Öl
200 ml trockener Weißwein
250 ml Geflügelbrühe
1/2 Bund Petersilie
200 g Sahne
30 g kalte Butter in Flöckchen
Cayennepfeffer zum Abschmecken
1 EL Zitronensaft
Salz

Zeiten

Zubereitungszeit: 30 Minuten
Garzeit: 30 Minuten

Für 4 Personen

1 Die Schalotten schälen und in feine Würfel schneiden. Die Pfifferlinge putzen und größere Exemplare halbieren. Das Putenfleisch in feine Scheiben schneiden.

2 Eine große beschichtete Pfanne erhitzen, 1 Teelöffel weiche Butter hineingeben und heiß werden lassen. Die Hälfte der Putenbrust gleichmäßig darin verteilen und 2 Minuten scharf anbraten, dabei einmal durchrühren. Sofort aus der Pfanne heben (selbst wenn es an einigen Stellen noch roh aussieht!) und beiseitestellen. Mit dem restlichen Fleisch ebenso verfahren.

3 Das Öl in die Pfanne gießen und die Schalottenwürfel darin glasig braten. Mit dem Weißwein ablöschen und einkochen lassen. Die Pfifferlinge zugeben, kurz schwenken, dann die Geflügelbrühe zugießen. Abdecken und bei geringer Hitze 15 Minuten sanft schmoren.

4 Die Petersilie hacken. Den Pfannendeckel abnehmen, die Sahne zugießen, dann gehackte Petersilie, Putenfleisch und die kalten Butterflöckchen einrühren. Das Fleisch in der heißen Sauce einige Minuten gar ziehen lassen, aber nicht mehr kochen.

5 Mit Cayennepfeffer, Zitronensaft und Salz abschmecken. Dazu passen gekochter Reis oder Rösti sowie Blattsalat.

Tipp Das Putenfleisch sollte in der Sauce nicht gekocht werden, sondern nur gar ziehen, dadurch bleibt es zart und saftig.

Lamm- & Wildfleisch

Gemüse mit Lammfüllung	88
Lammkeule mit Kräuterfüllung	90
Lammragout mit Gemüse	93
Rehmedaillons in Pflaumensauce	94
Kaninchen in Estragon-Senfsauce	96
Hirschgulasch mit Pilzen	98
Wildschweinragout	101
Hasenkeulen mit Preiselbeersauce	102
Rehschulter in Hagebuttensauce	104

Gemüse mit Lammfüllung

Zutaten

2 Zwiebeln
2 Knoblauchzehen
1 Bund frische italienische Kräuter
(Oregano, Rosmarin, Basilikum,
Thymian, Salbei)
6 EL Olivenöl
300 g Lammhackfleisch
2 EL Tomatenmark
50 g frisch geriebener Parmesan
1 Fenchelknolle (etwa 400 g)
1 Aubergine (etwa 300 g)
1 Zucchini (300 g)
500 g gehackte Tomaten aus der Dose
400 g Fleischtomaten
Salz und Pfeffer
frisches Weißbrot

Zeiten

Zubereitungszeit: 30 Minuten
Garzeit: 1 Stunde

Für 4 Personen

1 Zwiebeln und Knoblauch schälen und fein würfeln. Die Kräuter von den Stielen zupfen und grob hacken. 3 Esslöffel Olivenöl in einer Pfanne erhitzen und die Zwiebelwürfel darin glasig braten. Lammhack und Knoblauch zugeben und krümelig braten. Mit Salz und Pfeffer würzen und in eine Schüssel füllen. Tomatenmark, 1 Esslöffel gehackte Kräuter und Parmesan zugeben und unterheben.

2 Den Backofen auf 180 °C vorheizen. Den Fenchel putzen, längs halbieren und den Strunk keilförmig herausschneiden. Das restliche Öl in der Pfanne erhitzen und die Fenchelhälften darin von beiden Seiten je 2 Minuten braten. Herausheben und mit den Schnittseiten nach oben in eine Auflaufform setzen. Aubergine und Zucchini putzen, längs halbieren und ebenfalls mit den Schnittseiten nach oben in die Form geben. Die Dosentomaten um das Gemüse herum verteilen. Die Gemüsestücke mit Salz bestreuen und die Hackfleischmischung darauf verteilen. Mit Alufolie abdecken und 35 Minuten im vorgeheizten Ofen garen.

3 Währenddessen die Tomaten in einem Topf mit kochendem Wasser 1 Minute überbrühen. Dann herausheben, häuten, halbieren und die Kerne entfernen. Das Fruchtfleisch klein würfeln. 5 Minuten vor Ende der Garzeit die Alufolie entfernen und die Tomatenwürfel über das Gericht verteilen und weitergaren.

4 Aus dem Ofen nehmen, mit den restlichen Kräutern bestreuen und mit frischem Weißbrot servieren.

Tipp Auf die gleiche Weise können Sie auch mit Lammhackfleisch gefüllte Paprika zubereiten.

Lammkeule mit Kräuterfüllung

Zutaten

3 Zwiebeln
2 Knoblauchzehen
1 Bund Petersilie
2 Minzezweige
1 Bund frische italienische Kräuter
(Rosmarin, Thymian, Salbei, Basilikum)
2 EL mittelscharfer Senf
1 große Prise gemahlener Kreuzkümmel
Lammkeule ohne Haxe (etwa 1,8 kg, den
Knochen vom Metzger hohl
auslösen und hacken lassen)
5 EL Olivenöl
300 ml Pflanzenöl
plus etwas mehr zum Einfetten
100 g Möhren
100 g Knollensellerie
2 EL Tomatenmark
500 ml kräftiger Rotwein
1/2 TL zerstoßene Pfefferkörner
1 Lorbeerblatt
Salz und frisch gemahlener Pfeffer
600 g gehackte fleischige Kalbsknochen
1 EL Mehl

Zeiten

Zubereitungszeit: 1 Stunde
Garzeit: 3 Stunden
Marinierzeit: 1-2 Tage

Für 6 Personen

1 Für die Kräuterfüllung 1 Zwiebel schälen und in feine Würfel schneiden. Die Knoblauchzehen schälen und längs vierteln. Petersilien- und Minzeblätter von den Stielen zupfen (die Petersilienstängel aufbewahren) und zusammen mit 1 Teelöffel Rosmarin-, 1 Teelöffel Thymian- und 2 Salbeiblättern hacken. 2 Esslöffel Olivenöl in einer Pfanne erhitzen, die Zwiebelwürfel darin glasig braten und in eine Schüssel füllen. 1 Esslöffel Senf, gehackte Kräuter und Kreuzkümmel unterrühren und mit Pfeffer würzen.

2 Etwa 3 cm tiefe Schnitte in das Muskelfleisch der Lammkeule setzen und mit den geviertelten Knoblauchzehen spicken. In die Knochenhöhlung der Keule die Zwiebel-Kräuter-Masse streichen. Die Keule mit Küchengarn umbinden, in einen großen Gefrierbeutel legen und einige Rosmarin- und Thymianzweige zum Fleisch legen. Das Pflanzenöl zugießen, den Beutel gut verschließen und die Keule im Kühlschrank 1 bis 2 Tage marinieren.

3 Den Backofen auf 180 °C (Umluft) vorheizen. Ein Backblech mit 2 Esslöffeln Pflanzenöl bestreichen, die Knochen darauf verteilen und im vorgeheizten Ofen auf mittlerer Schiene rösten, dabei hin und wieder wenden und nach 20 Minuten mit dem Mehl bestäuben. Sobald die Knochen eine goldbraune Farbe angenommen haben (das dauert etwa 35 Minuten), herausnehmen und die Ofentemperatur auf 120 °C reduzieren.

4 Die Keule aus der Marinade nehmen und gut abtropfen lassen. Mit Küchenpapier das restliche Öl abtupfen und mit Salz und Pfeffer würzen. Eine große Pfanne heiß werden lassen und die Keule darin bei mittlerer Hitze rundherum anbraten. Ein Fleischthermometer in die dickste Stelle des Fleisches stecken und die Keule auf einen Ofenrost setzen. Mit einem Backblech als Tropfschutz darunter auf mittlerer Schiene in den Ofen geben und etwa 2 1/4 Stunden rosa garen. Das Fleisch bei einer Kerntemperatur von 68 °C herausnehmen.

5 In der Zwischenzeit für die Sauce restliche Zwiebeln, Möhren und Sellerie schälen und grob würfeln. Das restliche Olivenöl in einem großen Topf erhitzen und das Gemüse darin goldgelb anbraten. Das Tomatenmark zugeben und kurz mitbra-

ten. Mit 250 ml Rotwein ablöschen und einköcheln lassen. Den Vorgang mit dem restlichen Wein wiederholen. Geröstete Knochen, Pfefferkörner, Lorbeerblatt und Petersilienstängel zugeben und mit so viel Wasser auffüllen, dass die Knochen knapp bedeckt sind. Bei mittlerer Hitze 1 Stunde köcheln.

6 Kurz vor Ende der Garzeit die restlichen Kräuter hacken. Die Knochenmischung durch ein Sieb abgießen und den Garsud auffangen; die Siebrückstände wegwerfen. Den Sud mit Salz, Pfeffer und restlichem Senf abschmecken, die frisch gehackten Kräuter unterrühren und die Sauce zur Lammkeule servieren.

Tipp Bereiten Sie die Sauce (ohne die frischen Kräuter) schon an dem Tag zu, an dem Sie die Keule marinieren. So können Sie sich am nächsten Tag ganz entspannt den Beilagen und Ihren Gästen widmen, die Keule macht ja dann kaum noch Arbeit.

Lammragout mit Gemüse

Zutaten

1,2 kg entbeinte Lammschulter
3 Zwiebeln
4 EL Olivenöl
2 TL Zucker
2 EL Tomatenmark
500 ml kräftiger Rotwein
(z.B. Cabernet Sauvignon)
800 ml Fleischbrühe
500 g festkochende Kartoffeln
3 Möhren
300 g Knollensellerie
300 g Kohlrabi
1 EL Butter
1/2 Rosmarinzweig
3 Majoranzweige
4 Thymianzweige
3 Oreganozweige
2 Knoblauchzehen
1 TL Speisestärke
Salz und Pfeffer

Zeiten

Zubereitungszeit: 40 Minuten
Garzeit: 2 Stunden

Für 4 Personen

1. Das Fleisch in 3 cm große Stücke schneiden. Die Zwiebel schälen und fein würfeln. Das Olivenöl in einem großen Topf erhitzen und das Fleisch darin gut verteilt bei mittlerer Hitze anbraten. Erst wenn die Unterseite der Fleischstücke gebräunt ist, wenden und auf diese Weise das Fleisch rundherum anbraten. Das dauert etwa 10 Minuten. Erst dann die Zwiebelwürfel zugeben, salzen und weiterbraten, bis auch die Zwiebelwürfel Farbe angenommen haben. 1 Teelöffel Zucker und Tomatenmark zugeben und 1 Minute mitbraten.
2. Mit 150 ml Rotwein ablöschen und fast vollständig einkochen lassen. Erneut mit 150 ml Rotwein ablöschen und reduzieren, dann restlichen Rotwein und Fleischbrühe zugießen und abgedeckt 1 1/2 Stunden köcheln lassen.
3. Etwa 30 Minuten vor Ende der Garzeit die Kartoffeln schälen, in mundgerechte Stücke schneiden und in einen Topf geben. Mit Wasser bedecken und gar kochen. Währenddessen Möhren, Sellerie und Kohlrabi schälen und in etwa 4 cm lange 2 cm dicke Stifte schneiden. Die Butter in einer Pfanne erhitzen und das Gemüse darin bei geringer Hitze 5 Minuten dunsten. Mit Salz und restlichem Zucker würzen, 2 Esslöffel Wasser zugeben und abgedeckt weitere 5 Minuten bei geringer Hitze bissfest garen.
4. Rosmarin-, Majoran-, Thymian- und Oreganoblätter von den Stielen zupfen. Den Knoblauch schälen und fein hacken. 1 Prise Salz darüberstreuen und mit der flachen Messerklinge fein zerdrücken. Kräuter und zerdrückten Knoblauch unter das fertig gegarte Ragout rühren. Die Speisestärke mit etwas kaltem Wasser glatt rühren. Zum Binden in die kochende Fleischsauce rühren und das Ragout mit Salz und Pfeffer abschmecken.
5. Gekochte Kartoffeln und Gemüse kurz vor dem Servieren unter das Ragout heben und servieren.

Tipp Auch Fleisch von der hinteren Haxe eignet sich bestens für dieses Gericht, allerdings verlängert sich dabei die Garzeit um etwa 30 Minuten.

Rehmedaillons in Pflaumensauce

Zutaten

300 g Pflaumen
2 kleine Birnen
600 g Rehnüsschen
2 EL Öl
1 EL Butter
plus 20 g kalte Butter in Flöckchen
400 ml Wildfond (Fertigprodukt)
1/2 TL gemahlenes Wildgewürz
1 EL Balsamico-Essig
3 TL Pflaumenmus
Salz und Pfeffer

Zeiten
Zubereitungszeit: 45 Minuten
Garzeit: 30 Minuten

Für 4 Personen

1 Die Pflaumen vierteln, dabei die Steine entfernen. Die Birnen schälen und jeweils in acht Spalten schneiden. Den Backofen auf 80 °C vorheizen. Die Rehnüsschen in 2 cm dicke Scheiben schneiden und mit Salz und Pfeffer würzen.

2 Das Öl in einer großen Pfanne erhitzen und die Rehscheiben darin bei mittlerer Hitze 2 Minuten von jeder Seite anbraten. Herausnehmen, auf einen großen hitzebeständigen Teller legen und auf mittlerer Schiene in den vorgeheizten Ofen stellen. Die Pfanne säubern. 1 Esslöffel Butter in der Pfanne erhitzen und die Birnenspalten darin von beiden Schnittseiten je 5 Minuten braten. Zu den Medaillons in den Ofen geben.

3 Den Wildfond in die Pfanne gießen, Wildgewürz und Balsamico-Essig einrühren und 5 Minuten köcheln. Pflaumenstücke und Pflaumenmus zugeben weitere 5 Minuten köcheln lassen. Die Sauce mit Salz und Pfeffer abschmecken.

4 Die Rehmedaillons mit Birnenspalten und Pflaumenstücken auf Tellern anrichten. Mit einem Schneebesen die kalten Butterflöckchen unter die Sauce rühren und die Medaillons damit umgießen.

Tipp Die Rehnuss ist ein zartes Teilstück aus der Keule und preiswerter als ausgelöster Rehrücken, den Sie natürlich auch für dieses Gericht verwenden können.

Kaninchen in Estragon-Senfsauce

Zutaten

1 küchenfertiges Kaninchen
(etwa 1,2 kg, vom Metzger in sechs Teile zerlegen lassen)
3 EL Öl
4 Schalotten
2 TL Tomatenmark
250 ml Weißwein
(z.B. Blanc de Blanc)
300 ml Geflügelbrühe
3 EL Dijon-Senf
5 Thymianzweige
1 Bund Estragon
2 Eigelb
150 g Crème fraîche
1 EL Zitronensaft
Salz

Zeiten

Zubereitungszeit: 30 Minuten
Garzeit: 100 Minuten

Für 4 Personen

1 Den Backofen auf 170 °C vorheizen. Die Fleischteile salzen. Das Öl in einem großen Schmortopf erhitzen und das Fleisch darin bei mittlerer Hitze von allen Seiten goldbraun anbraten. Herausnehmen. Die Schalotten schälen, längs halbieren und in dünne Scheiben schneiden. In den Schmortopf geben und goldgelb dünsten. Das Tomatenmark zugeben und 1 Minute mitgaren. Mit 125 ml Wein ablöschen und einkochen lassen, dann restlichen Wein und Brühe zugießen.

2 Die Kaninchenteile mit 2 Esslöffeln Senf bestreichen und mit den Thymianzweigen in den Schmortopf legen. Den Schmortopf zunächst ohne abzudecken in den vorgeheizten Ofen stellen, nach 20 Minuten Garzeit den Deckel aufsetzen und weitere 45 Minuten schmoren.

3 Die Estragonblätter von den Stielen zupfen. Eigelb und Crème fraîche in einer Schüssel verquirlen. Den Schmortopf aus dem Ofen nehmen und die Kaninchenteile herausheben. Estragonblätter, restlichen Senf und Crème-fraîche-Mischung mit einem Kochlöffel unter die Schmorsudmischung rühren. Die Sauce kurz erhitzen (aber nicht mehr kochen lassen!), dann den Zitronensaft einrühren und mit Salz abschmecken. Die Estragon-Senfsauce dazu reichen. Zum geschmorten Kaninchen passen Bandnudeln und ein knackiger Blattsalat.

Hirschgulasch mit Pilzen

Zutaten

1 kg Hirschfleisch aus der Schulter
2 Zwiebeln
1-2 Möhren
100 g Lauch
2 Staudenselleriestangen
50 g geräucherter Bauchspeck
3 EL Öl
2 EL Mehl
500 ml kräftiger Rotwein
800 ml Wildfond (Fertigprodukt)
1/2 TL Pfefferkörner
12 Wacholderbeeren
1 Knoblauchzehe
1 Rosmarinzweig
2 dünne Streifen Orangenschale
300 g Steinpilze
30 g Butter
2-3 TL Balsamico-Essig
3 EL eingelegte Preiselbeeren
Salz und Pfeffer

Für 4 Personen

Zeiten

Zubereitungszeit: 45 Minuten
Garzeit: 2 Stunden

1 Das Hirschfleisch in 4 cm große Würfel schneiden. Zwiebeln und Möhren schälen, Lauch und Sellerie putzen und waschen. Das Gemüse grob würfeln. Den Räucherspeck in 1 cm große Würfel schneiden.

2 Das Öl in einem Schmortopf erhitzen. Das Hirschfleisch mit Salz und Pfeffer würzen und mit 1 Esslöffel Mehl bestäuben. In den Schmortopf geben und rundum anbraten. Speck- und Gemüsewürfel zugeben und braten, bis die Würfel Farbe angenommen haben. Das Tomatenmark zugeben und kurz mitbraten. Mit dem restlichen Mehl bestäuben und kurz anschwitzen. Mit etwa 150 ml Rotwein ablöschen und den Wein vollständig reduzieren. Den Vorgang zweimal wiederholen, bis der Wein aufgebraucht ist.

3 Den Wildfond und so viel Wasser zugießen, bis das Fleisch knapp bedeckt ist. Zum Kochen bringen und abgedeckt bei schwacher Hitze etwa 1 1/2 bis 2 Stunden garen. Pfefferkörner, Wacholderbeeren und Knoblauchzehe zerdrücken, dann zusammen mit Rosmarinzweig und Orangenschale 15 Minuten vor Ende der Garzeit unterrühren.

4 In der Zwischenzeit die Steinpilze putzen und in 1 cm dicke Scheiben schneiden. Die Butter in einer großen Pfanne erhitzen und die Pilze darin von beiden Seiten etwa 5 Minuten braten. Mit Salz und Pfeffer würzen.

5 Die Fleischstücke aus der Garsudmischung nehmen und diese durch ein Sieb in einen großen Topf passieren; die Siebrückstände wegwerfen. Die Sauce mit Balsamico-Essig sowie Salz und Pfeffer abschmecken. Das Fleisch zur Sauce in den Topf geben, dann Steinpilze und Preiselbeeren unterrühren. Das Gulasch in eine vorgewärmte Servierschüssel füllen und servieren.

Tipp Je nachdem aus welchem Teilstück das Hirschfleisch geschnitten ist, verändert sich die Garzeit, testen Sie deshalb, indem Sie mit einer Fleischgabel in das Fleisch stechen. Wenn es sich leicht wieder herunterschieben lässt, ist das Fleisch zart.

Wildschweinragout

Zutaten

1,2 kg mageres Wildschweinfleisch aus der Keule oder Schulter
2 Zwiebeln
100 g Sellerie
2 Möhren
10 Wacholderbeeren
3 Gewürznelken
1/2 TL Pfefferkörner
2 Lorbeerblätter
500 ml Rotwein (z.B. Barollo)
3 TL Mehl
5 EL Öl
1 Glas Schattenmorellen
1 TL Zucker
3 TL Tomatenmark
400 ml Wildfond (Fertigprodukt)
1 Rosmarinzweig
250 g geschälte gegarte Esskastanien
Salz und Pfeffer

Zeiten

Zubereitungszeit: 40 Minuten
Garzeit: 3 Stunden
Marinierzeit: 1-2 Tage

Für 4 Personen

1 Das Fleisch in 4 cm große Stücke schneiden und in eine Schüssel legen. Für die Marinade Zwiebeln, Sellerie und Möhren schälen und in dünne Scheiben schneiden. Wacholderbeeren, Gewürznelken und Pfefferkörner im Mörser zerdrücken. Zusammen mit Gemüse und Lorbeerblättern in die Schüssel zum Fleisch geben und den Rotwein zugießen. Die Schüssel mit Frischhaltefolie abdecken und im Kühlschrank mindestens 24 Stunden (besser 2 Tage) marinieren.

2 Einen Schmortopf auf unterster Schiene in den Backofen stellen und diesen auf 150 °C erhitzen. Das Fleisch durch ein Sieb abgießen, dabei die Marinade in einem Topf auffangen. Die Siebrückstände beiseitestellen. Die Fleischwürfel trocken tupfen und mit dem Mehl bestäuben. Das Öl in einer Pfanne erhitzen, die Hälfte des Fleischs darin rundum anbraten, dann salzen und herausnehmen. Mit dem restlichen Fleisch ebenso verfahren. Den Bräter aus den Ofen nehmen und alle Fleischstücke hineingeben. Die Sauerkirschen durch ein Sieb abgießen, den Saft dabei auffangen. 100 ml Sauerkirschsaft über das Fleisch gießen. Einen Deckel auf den Schmortopf setzen und wieder in den Ofen stellen.

3 In der Pfanne die Gemüsemischung aus dem Sieb 5 Minuten anbraten. Zucker und Tomatenmark zugeben, kurz anrösten, dann mit der Hälfte der Marinade ablöschen und vollständig einköcheln lassen. Den Vorgang mit der restlichen Marinade wiederholen. Wildfond und restlichen Kirschsaft zugießen, den Rosmarinzweig hineingeben und die Sauce zugedeckt 30 Minuten sanft köcheln lassen.

4 Den Schmortopf aus dem Ofen nehmen und die Sauce durch ein feines Sieb über das Fleisch gießen. Das Gemüse dabei gut ausdrücken; die Siebrückstände wegwerfen. Den Schmortopf wieder in den Ofen stellen und weitere 2 Stunden schmoren.

5 Den Topf aus dem Ofen nehmen. Das Ragout mit Salz und Pfeffer abschmecken, Kastanien und Sauerkirschen in die Sauce rühren und heiß werden lassen. Das Wildschweinragout mit Spinatspätzle oder Nudeln servieren.

Hasenkeulen mit Preiselbeersauce

Zutaten

2 Zwiebeln
150 g Knollensellerie
2 Möhren
10 Wacholderbeeren
1/2 TL schwarze Pfefferkörner
1/2 TL Senfkörner
250 ml kräftiger Rotwein
4 EL Weinessig
4 Hasenkeulen, je 450 g
30 g geräucherter fetter Speck
2 TL Puderzucker
1 EL Tomatenmark
1 Lorbeerblatt
frisch geriebene Orangenschale zum Abschmecken
3 EL eingelegte Preiselbeeren
Salz und Pfeffer

Zeiten

Zubereitungszeit: 30 Minuten
Garzeit: 2,5 Stunden
Marinierzeit 1-2 Tage

Für 4 Personen

1 Für die Marinade Zwiebeln, Sellerie und Möhren schälen und in etwa 1 cm große Würfel schneiden. Wacholderbeeren, Pfeffer und Senfkörner im Mörser zerdrücken. 800 ml Wasser in einen Topf füllen, Gemüse und Gewürze zugeben, aufkochen und 5 Minuten köcheln. Vom Herd nehmen, abkühlen lassen und Rotwein sowie Essig zugießen. Die Hasenkeulen in eine Schüssel legen und mit der Marinade begießen. Abdecken und 1 bis 2 Tage im Kühlschrank marinieren.

2 Den Backofen auf 180 °C (Umluft) vorheizen. Den Speck in 1 cm große Würfel schneiden, in einer Bratenform verteilen und diese auf zweiter Schiene von unten in den Ofen stellen. Die Hasenkeulen aus der Marinade nehmen, trocken tupfen, salzen und pfeffern und auf die Speckwürfel legen. 20 Minuten im Ofen braten, dabei hin und wieder wenden (nicht in das Fleisch stechen!).

3 Die Marinade durch ein Sieb abgießen und die Flüssigkeit auffangen. Das Gemüse mit den Gewürzen aus dem Sieb über den Keulen verteilen. In einer Pfanne den Puderzucker hellbraun karamellisieren, das Tomatenmark unterrühren und kurz anrösten. Mit einer Kelle Marinade ablöschen und vollständig einkochen lassen. Restliche Marinade und Lorbeerblatt zugeben und über die Keulen geben. Die Ofentemperatur auf 150 °C reduzieren und 1 ½ Stunden garen, dabei die Keulen hin und wieder wenden.

4 Die Keulen aus dem Garsud nehmen und warm stellen. Die Sudmischung in einen Topf füllen und mit einem Stabmixer pürieren. Mit Salz, Pfeffer und geriebener Orangenschale abschmecken und die Preiselbeeren unterrühren. Die Hasenkeulen mit der Sauce sofort servieren.

Rehschulter in Hagebuttensauce

Zutaten

5 EL Öl
500 g Wildknochen
1 Zwiebel
1,8–2 kg Rehschulter
50 g geräucherter Speck, in Scheiben
3 TL Tomatenmark
2 TL Zucker
400 ml kräftiger Rotwein
400 ml Wildfond (Fertigprodukt)
1 Knoblauchzehe
10 Wacholderbeeren
12 Pfefferkörner
2 Gewürznelken
1 Lorbeerblatt
4 Thymianzweige
2 Möhren
100 g Knollensellerie
30 g Butter
200 ml Portwein
2 EL Hagebuttenmark
Salz und Pfeffer

Zeiten

Zubereitungszeit: 40 Minuten
Garzeit: 2,5 Stunden

Für 4 Personen

1 Einen Bräter mit 2 Esslöffeln Öl ausstreichen, die gehackten Wildknochen darin verteilen, in den kalten Backofen stellen, auf 180 °C (Umluft) erhitzen und 15 Minuten backen. Die Zwiebel schälen und grob würfeln.

2 Die Rehschulter mit Salz und Pfeffer würzen, das restliche Öl in einer großen Pfanne erhitzen und das Fleisch darin von beiden Seiten anbraten. Herausnehmen, nach der Garzeit der Knochen in den Backofen auf die Knochen legen und die Ofentemperatur auf 150 °C (Ober- und Unterhitze) reduzieren.

3 Für die Sauce Zwiebelwürfel und Speck in der Pfanne bei mittlerer Hitze hellbraun anbraten, Zucker und Tomatenmark zugeben und 1 bis 2 Minuten mitbraten. Mit etwa 125 ml Rotwein ablöschen und vollständig einkochen lassen. Den Vorgang mit dem restlichen Wein noch zweimal wiederholen. Dann Wildfond und 300 ml Wasser zugießen und aufkochen lassen. Die Knoblauchzehe schälen und in Scheiben schneiden. Wacholderbeeren und Pfefferkörner grob zerdrücken. Knoblauch, Wacholderbeeren, Pfefferkörner zusammen mit Gewürznelken, Lorbeerblatt und Thymianzweigen zur Rehschulter in den Bräter geben und 2 Stunden garen.

4 In der Zwischenzeit Möhren und Knollensellerie schälen und in 1 cm große Würfel schneiden. Die Butter in einer Pfanne erhitzen und die Gemüsewürfel darin bei mittlerer Hitze 3 Minuten braten. Mit dem Portwein ablöschen und beiseitestellen.

5 Nach Ende der Garzeit den Bräter aus dem Ofen nehmen, die Rehschulter herausheben und warm stellen. Die Garsudmischung durch ein Sieb in einen Topf passieren; die Siebrückstände wegwerfen. Die Gemüse-Portwein-Mischung unterrühren. Die Sauce rühren, mit Salz und Pfeffer abschmecken und aufkochen lassen. Das Hagebuttenmark unterrühren und die Rehschulter mit der Sauce servieren.

Wurst

Grünkohl mit Mettwurst 108
Strudel mit Sauerkraut und Wurst 111
Kartoffel-Wurst-Gulasch 112
Himmel und Erde 114
Saure Zipfel mit Schnittlauchbrot 117
Bigosch mit Steinpilzen 118

Grünkohl mit Mettwurst

Zutaten

2 Zwiebeln
1,2 kg Grünkohl
50 g Gänseschmalz
250 g geräucherter magerer Bauchspeck
500 ml kräftige Rinderbrühe
1 Lorbeerblatt
1 große mehlig kochende Kartoffel
600 g Mettwurst (Mettenden)
2 TL mittelscharfer Senf
1 Prise geriebene Muskatnuss
Salz und frisch gemahlener Pfeffer

Für 4 Personen

Zeiten

Zubereitungszeit: 25 Minuten
Garzeit: 2 Stunden

1 Die Zwiebeln schälen und würfeln. Den Grünkohl waschen, grobe Stiele entfernen und in mundgerechte Stücke zerzupfen. 1 Liter Wasser in einem großen Topf aufkochen und den Kohl darin 2 Minuten blanchieren. Durch ein Sieb abgießen, mit kaltem Wasser abschrecken und gut ausdrücken.

2 Das Gänseschmalz in einem Topf erhitzen und die Zwiebelwürfel darin glasig braten. Speck, Rinderbrühe, Lorbeerblatt und Grünkohl zugeben und abgedeckt 1 1/2 Stunden langsam schmoren lassen.

3 Die Kartoffel schälen und 10 Minuten vor Ende der Garzeit in das Gericht raspeln, einrühren und kurz aufkochen. Die Mettwürste hineinlegen und miterhitzen, aber nicht mehr kochen, sondern nur noch ziehen lassen, damit die Würste nicht platzen.

4 Würste und Speckstück herausnehmen. Den Grünkohl mit Senf, Muskatnuss sowie Salz und Pfeffer würzen, mit den Würsten und dem Speck servieren. Dazu passen Salzkartoffeln oder Bratkartoffeln aus Pellkartoffeln vom Vortag.

Tipp Grünkohl wird in Bremen und Niedersachsen mit Grützwurst (Pinkel) gereicht, im hohen Norden mit Kochwurst (geräucherte Schweinswurst).

Strudel mit Sauerkraut und Wurst

Zutaten

130 g Mehl
1 Eigelb
1 EL Öl
300 g fest kochende Kartoffeln
2 Äpfel
400 g gegartes Sauerkraut
40 g Butter
250 g schnittfeste Leberwurst
250 g schnittfeste Blutwurst
3 Majoranzweige
Salz

Zeiten

Zubereitungszeit: 40 Minuten
Garzeit: 35 Minuten

Für 4 Personen

1 Für den Strudelteig das Mehl mit Eigelb, Öl und 1 Prise Salz in einer Schüssel vermischen. Nach und nach etwa 60 ml lauwarmes Wasser unterkneten, bis ein geschmeidiger Teig, der nicht mehr klebt, entsteht. Den Teig mit den Händen kräftig durchkneten, in Frischhaltefolie wickeln und bei Zimmertemperatur mindestens 20 Minuten ruhen lassen.

2 Die Kartoffeln schälen und in 1 cm große Würfel schneiden. Leicht gesalzenes Wasser in einem Topf aufkochen, die Kartoffelwürfel hineingeben und nicht zu weich garen. Abgießen. Die Äpfel schälen, entkernen und in 1 cm große Würfel schneiden. Das Sauerkraut in einem Sieb gut abtropfen lassen, in eine Schüssel geben und mit Apfel- und Kartoffelwürfeln vermischen.

3 Den Backofen auf 200 °C vorheizen. Die Butter in einem kleinen Topf zerlassen. Den Strudelteig halbieren, jeweils hauchdünn ausziehen und mit etwas zerlassener Butter bestreichen. Jeweils ein Viertel von der Sauerkrautmischung darauf verteilen. Die Würste längs halbieren, häuten und auf das Sauerkraut legen. Die Majoranblätter von den Stielen zupfen und darüber verteilen. Die restliche Sauerkrautmischung gleichmäßig darüberschichten und die Strudel vorsichtig einrollen. Auf ein mit Backpapier belegtes Backblech setzen, mit der restlichen Butter bestreichen und die Strudel im vorgeheizten Ofen auf mittlerer Schiene 20 bis 25 Minuten backen. Sofort servieren.

Tipp Der Strudelteig lässt sich noch besser verarbeiten, wenn er mehrere Stunden ruht.

Kartoffel-Wurst-Gulasch

Zutaten

4 Zwiebeln
500 g festkochende Kartoffeln
1 gelbe Paprika
1 rote Paprika
5 EL Öl
3 EL Tomatenmark
1 EL Paprikapulver edelsüß
1 l Gemüsebrühe
4 Tomaten
2 Knoblauchzehen
1 TL Kümmelsamen
2 Majoranzweige
1/2 TL Chiliflocken
1 TL abgeriebene Schale einer unbehandelten Zitrone
1/2 Bund Petersilie
1 EL Zitronensaft
500 g Lyoner Wurst
150 g Crème fraîche
Salz

Zeiten

Zubereitungszeit: 30 Minuten
Garzeit: 30 Minuten

Für 4–5 Personen

1 Die Zwiebeln schälen und grob würfeln. Die Kartoffeln schälen, beide Paprika putzen und entkernen und alles in 2 cm große Würfel schneiden.

2 3 Esslöffel Öl in einem Topf erhitzen und Zwiebel- und Paprikawürfel darin dünsten. Tomatenmark und Paprikapulver unterrühren und kurz mitgaren. Die Kartoffelwürfel zugeben, die Brühe zugießen und 20 Minuten bei kleiner Hitze sanft köcheln lassen.

3 In der Zwischenzeit die Tomaten kreuzweise einritzen, in eine Schüssel legen und mit kochendem Wasser überbrühen. Nach 1 bis 2 Minuten kalt abschrecken und häuten. Die Tomaten halbieren, Stielansatz und Kerne entfernen und das Fruchtfleisch grob würfeln.

4 Den Knoblauch schälen und mit Kümmel, 1 Majoranzweig und Chiliflocken fein hacken. 1 Prise Salz daraufstreuen und mit der flachen Messerklinge alles fein zerdrücken, dann die Zitronenschale untermengen. Die Gewürzmischung unter das Gemüse in den Topf rühren. Petersilie und restlichen Majoranzweig abspülen, trocken schütteln, die Blätter abzupfen und grob hacken. Zusammen mit Tomatenwürfeln und Zitronensaft unter das Kartoffelgulasch rühren.

5 Die Lyoner Wurst häuten, längs vierteln und quer in 2 cm große Würfel schneiden. Das restliche Öl in einer Pfanne erhitzen und die Wurstwürfel darin in 5 Minuten bei mittlerer Hitze braten. Unter das Gulasch mischen. Mit der Crème fraîche beträufelt servieren.

Tipp Sie können das Gericht schon 1 Tag vor dem Verzehr kochen, denn aufgewärmt schmeckt es noch besser. Die Wurst dabei allerdings erst kurz vor dem Servieren untermischen.

Himmel und Erde

Zutaten

800 g halbfestkochende Kartoffeln
2 Zwiebeln
80 g geräucherter Bauchspeck
3 EL Öl
2 Äpfel
40 g Butter
1 Prise geriebene Muskatnuss
600 g schnittfeste Blutwurst
150 g Sauerrahm
Salz und Pfeffer

Für 4 Personen

Zeiten

Zubereitungszeit: 30 Minuten
Garzeit: 35 Minuten

1 Die Kartoffeln schälen und waschen. Leicht gesalzenes Wasser in einem Topf aufkochen, die Kartoffeln hineingeben und etwa 30 Minuten garen. Die Zwiebeln schälen und in dünne Ringe schneiden. Den Speck fein würfeln.

2 Das Öl in einer großen beschichteten Pfanne auf mittlerer Stufe erhitzen und die Zwiebelringe darin langsam goldbraun braten. Herausnehmen und beiseitestellen. Die Speckwürfel in die Pfanne geben und knusprig braten. Zusammen mit dem Fett aus der Pfanne nehmen und beiseitestellen.

3 Die Äpfel schälen, achteln, entkernen und die Spalten quer in 1 cm dicke Scheiben schneiden. Die Butter in der Pfanne erhitzen und die Apfelscheiben darin bei geringer Hitze goldbraun garen.

4 Den Backofen auf 100 °C vorheizen. Die Kartoffeln abgießen und abtropfen lassen. Auf ein Backblech geben, mit einer Gabel grob zerkleinern und mit Salz, Pfeffer und Muskatnuss würzen. Den Speck mit dem Fett, Zwiebelringe und Apfelscheiben darauf verteilen und zum Warmhalten in den Backofen geben.

5 Die Blutwürste enthäuten und in 1 cm dicke Scheiben schneiden. In der Pfanne ohne Fettzugabe von beiden Seiten bei geringer Hitze jeweils etwa 1 Minute garen. Das Kartoffelgericht auf Tellern verteilen, die Blutwurstscheiben darauf anrichten und mit Sauerrahm beträufelt servieren.

Tipp *Das Gericht mit Apfel (Himmel) und Kartoffel (Erde) wird sowohl in Schwaben, dem Rheinland und natürlich in Norddeutschland in leicht unterschiedlichen Varianten zubereitet.*

Saure Zipfel mit Schnittlauchbrot

Zutaten

3 Zwiebeln
2 Möhren
1/2 TL Senfkörner
4 Wacholderbeeren
1-2 Lorbeerblätter
1 TL Zucker
125 ml Weinessig
2 EL Öl
800 g Nürnberger Bratwürste
2 Bund Schnittlauch
400 g Bauernbrot mit knuspriger Kruste
100 g weiche Butter
Salz
frisch geriebener Meerrettich
Senf

Zeiten

Zubereitungszeit: 15 Minuten
Garzeit: 25 Minuten

Für 4 Personen

1. Die Zwiebeln schälen und in feine Ringe schneiden. Die Möhren schälen und in 5 mm dicke Scheiben schneiden. Zwiebelringe und Möhrenscheiben mit 1 Liter kaltem Wasser in einen Topf geben. Senfkörner, Wacholderbeeren, Lorbeerblätter, Zucker, Essig, Öl und 1 Prise Salz zugeben, abgedeckt zum Kochen bringen und 10 Minuten garen.
2. Die Bratwürste zugeben, die Hitze herunterschalten und die Würste bei kleiner Hitze etwa 15 Minuten ziehen, aber nicht mehr kochen lassen, da sie leicht platzen.
3. Den Schnittlauch in feine Röllchen schneiden und in einen tiefen Teller geben. Das Brot in Scheiben schneiden, die Scheiben mit der Butter bestreichen und mit der Butterseite nach unten leicht in den Schnittlauch drücken.
4. Die gegarten Würste auf Tellern verteilen, mit Garsud umgießen und die Zwiebel-Möhren-Mischung darauf verteilen. Mit den Schnittlauchbroten sowie frisch geriebenem Meerrettich und Senf servieren.

Tipp Dazu passt ein kühles Bier oder ein trockener Frankenwein.

Bigosch mit Steinpilzen

Zutaten

500 g Schweinenacken
100 g durchwachsener Speck
1 Zwiebel
2 EL Schweineschmalz
1/2 TL Kümmel
1 Lorbeerblatt
1 TL Tomatenmark
1 TL mildes Paprikapulver
400 ml Fleischbrühe
400 g Kartoffeln
250 g Weißkohl
250 g Sauerkraut
1 Knoblauchzehe
250 g frische Steinpilze
200 g würzige Dauerwurst (z.B. Krakauer)
1/2 TL getrockneter Majoran
1/2 Bund Petersilie
200 g Sauerrahm
Salz und Pfeffer

Zeiten

Zubereitungszeit: 30 Minuten
Garzeit: 1,5 Stunden

Für 4 Personen

1 Das Fleisch in 1 cm und den Speck in 5 mm große Würfel schneiden. Die Zwiebel schälen und fein würfeln. Das Schmalz in einem großen Topf erhitzen und den Speck darin bei mittlerer Hitze 3 Minuten braten. Fleisch- und Zwiebelwürfel zugeben, die Hitze erhöhen und etwa 5 Minuten braten. Kümmel, Lorbeerblatt, Tomatenmark und Paprikapulver unterrühren, mit der Fleischbrühe ablöschen und abgedeckt bei geringer Hitze 40 Minuten schmoren.

2 Währenddessen die Kartoffeln schälen und in 2 cm große Würfel schneiden. Den Weißkohl putzen, waschen und in Streifen schneiden. Das Sauerkraut grob hacken. Den Knoblauch schälen, fein hacken und alles zum Fleisch geben und unterrühren. Weitere 40 Minuten langsam schmoren.

3 Die Steinpilze putzen und in 1 cm dicke Scheiben schneiden. Die Wurst häuten und ebenfalls in 1 cm breite Scheiben schneiden. Pilze, Wurst und Majoran 20 Minuten vor Ende der Garzeit unter das Gericht mischen, bei Bedarf noch etwas heißes Wasser nachfüllen, sodass die Mischung bis zu Hälfte in Flüssigkeit steht.

4 Die Petersilie hacken und mit dem Sauerrahm mischen. Das Bigosch mit Salz und Pfeffer abschmecken und mit dem Petersiliensauerrahm servieren.

Tipp Polnische Bergarbeiter brachten das Gericht ins Ruhrgebiet, wo es seither viele Anhänger fand.

Die wichtigsten Garmethoden

Schmoren
Beim Schmoren wird das Fleisch als ganzes Stück oder zerteilt zunächst angebraten, dann mit Flüssigkeit bedeckt bei reduzierter Hitze langsam fertig gegart.

Braten
Zarte Fleischstücke wie Steaks und Schnitzel oder verarbeitetes Fleisch wie Hackfleisch werden in der Pfanne von beiden Seiten oder rundum scharf angebraten und dann bei reduzierter Hitze fertig gebraten. Größere Fleischstücke werden dagegen vorwiegend im Ofen gebraten, zunächst bei großer Hitze, dann bei mittlerer Hitze fertig gegart.

Kochen
Fleisch wird in sprudelnd kochendes Wasser gelegt, damit sich die Poren schließen, dann bei reduzierter Hitze knapp unter dem Siedepunkt langsam gar geköchelt. Um eine gute Brühe zu erhalten, sollen Knochen und Fleisch dagegen auslaugen, deshalb werden sie mit kaltem Wasser angesetzt.

Dämpfen
Das Garen in heißem Wasserdampf nennt man dämpfen, wofür sich vor allem zartfaseriges Fleisch oder Fisch eignen.

Dünsten
Beim Dünsten wird das Gargut in wenig Flüssigkeit oder Fett im eigenen Saft gegart, meist ist das Fleisch dabei abgedeckt oder wird in Alufolie gewickelt.

Grillen
Wahrscheinlich ist das Grillen die älteste Garmethode. Dabei wird das Gargut (vor allem marmorierte Steaks und kleinere Stücke) bei großer Hitze auf dem Holzkohlengrill, dem Elektro- oder Gasgrill, oder auch in der Grillpfanne gegart. Am Drehspieß können auch größere Fleischteile gegrillt werden.

Garen bei Niedrigtemperatur
Eine immer beliebter werdende und wieder neu entdeckte Garmethode ist das Niedrigtemperaturgaren, bei dem das Gargut bei sehr niedriger Hitze oft über mehrere Stunden gegart wird.

Rezeptregister

Bayerisches Krautbrat'l 62
Bigosch mit Steinpilzen 118
Böfflamott 42
Brauner Kalbsfond 20

Entenbrust in Orangensauce 78

Falscher Hase 49
Festliche Kirchweihgans 80
Fränkisches Schäufele 64

Gänsekeulen mit dreierlei Bohnen 82
Gefüllte Barbarie-Ente 77
Gefüllte Spanferkelschulter 52
Gefüllter Kasseler Nacken 61
Gemüse mit Lammfüllung 88
Grünkohl mit Mettwurst 108

Hähnchen in Rotwein 74
Hasenkeulen mit Preiselbeersauce 102
Himmel und Erde 114
Hirschgulasch mit Pilzen 98
Huhn in Riesling 71

Indisches Curry-Huhn 72

Kalbsbrust mit Spinatfüllung 34
Kaninchen in Estragon-Senfsauce 96
Kartoffel-Wurst-Gulasch 112
Kohlrouladen 58

Lammkeule mit Kräuterfüllung 90
Lammragout mit Gemüse 93

Marinierter Kalbsrahmbraten 38

Ochsenschwanzragout 32
Ossobuco – Kalbshaxenscheiben 37

Putengeschnetzeltes in Pfifferlingsrahm 85

Rehmedaillons in Pflaumensauce 94
Rehschulter in Hagebuttensauce 104
Rheinischer Sauerbraten 27
Rinderbrühe mit Beinscheibe 22
Rinderroulade 28
Rindersaftgulasch 24
Roastbeef in Salzkruste 40

Saure Zipfel mit Schnittlauchbrot 117
Schaschlikspieße 50
Schweinegulasch aus der Haxe 55
Spareribs vom Spanferkel 56
Strudel mit Sauerkraut und Wurst 111

Tafelspitz mit Wirsing 45
Tropfhuhn auf Gemüse 68

Westfälischer Pfefferpothast 31
Wildschweinragout 101

ISBN: 978-3-572-08083-0

© 2012 by Bassermann Inspiration, einem Unternehmen der Verlagsgruppe Random House GmbH, 81673 München

Die Verwertung der Texte und Bilder, auch auszugsweise, ist ohne Zustimmung des Verlags urheberrechtswidrig und strafbar. Dies gilt auch für Vervielfältigungen, Übersetzungen, Mikroverfilmung und für die Verarbeitung mit elektronischen Systemen.

Umschlaggestaltung: Atelier Versen, Bad Aibling
Innenlayout: Epsilon 2, Mundelsheim
Bildredaktion: Sabine Kestler, Tanja Nerger
Herstellung: Elke Cramer
Projektleitung: Anja Halveland

Rezeptfotos und Set-Styling: Karl Newedel, München
Foodstyling: Josef Weh und Karl Newedel
Weitere Fotos im Innenteil: fotolia: 11 (Harald Lange), 13 (janecat), 14 (Eric Gevaert), 16 (Christian Musat)

Die Ratschläge in diesem Buch sind vom Autor und vom Verlag sorgfältig erwogen und geprüft, dennoch kann eine Garantie nicht übernommen werden. Eine Haftung des Autors bzw. des Verlags und seiner Beauftragten für Personen-, Sach- und Vermögensschäden ist ausgeschlossen.

Satz: Epsilon 2, Mundelsheim
Reproduktion: Artilitho snc, Lavis-Trento
Druck: Mohn media Mohndruck GmbH, Gütersloh

Printed in Germany

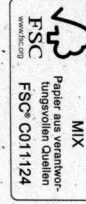

Das für dieses Buch verwendete FSC®-zertifizierte Papier Allegro halbmatt wurde produziert von Sappi Gratkorn.

817 2635 4453 6271